아시아 인프라 전쟁

21세기 새로운 골드러시가 시작된다

ASIAN INFRA WAR

아시아 인프라 전쟁

매일경제 원아시아 인프라 프로젝트팀 지음

매일경제신문사

"2020년까지 8조 2,000억 달러 인프라스트럭처 시장 빅뱅이 몰려온다."

매일경제가 원아시아(One Asia) 인프라 시장에 주목한 이유는 바로 여기에 있다.

아시아개발은행(ADB, Asian Development Bank)에 따르면 2010~2020년 아시아 내 인프라 수요는 총 8조 2,000억 달러에 달한다. 세계 경제의 엔진으로 부상하고 있는 아시아 신흥국들이 고속 성장세를 이어 가기 위해 산업 생산 시설 등 대대적인 인프라 확충 계획을 내놓고 있어 인프라 시장이 팽창하는 모습이다. 특히 2015년 말 출범하는 아세안경제공동체(AEC, ASEAN Economic Community) 등 점진적인 아시아 통합, 즉 원아시아 현상도 인프라 수요를 확장시키고 있다. ADB는 아시아 인프라 3대 수요가 산업화(Industrialization), 도시화(Urbanization), 연결성(Connectivity)이라고 분석했다.

우리 눈앞에서 펼쳐지고 있는 '황금 시장'을 잡기 위해 각국은 치열한 경쟁을 벌이고 있다.

가장 대표적인 국가는 중국이다. 중국은 육상과 해상 실크로드를 유럽까지 연결하는 소위 '일대일로(一帶一路, One Belt One Road)' 구상을 추진하고 있다. 특히 이 구상을 실현에 옮기기 위해 아시아인프라투자은행(AIIB, Asian Infrastructure Investment Bank)을 출범시켰다. 2014년 말 기준 3조 8,400억 달러라는 세계 최대 외환보유고를 앞세워 아시아 신흥국 인프라 구축을 위한 자금 조달 체계까지 마련한 것이다. 아시아 전역에 '중국판 인프라'를 구축해 중화민족의 위대한 부흥, 즉 중국몽(中國夢) 실현에 나서겠다는 비전이다.

일본 '아베노믹스'의 3가지 화살 중 하나도 아시아 인프라 시장을 정조준하고 있다. 특히 일본 정부는 아세안 인프라 수요가 교통과 도시 개발에 집중돼 있다는 점을 근거로 '해외교통·도시개발사업지원기구(JOIN)'를 출범시켰다.

이처럼 각국이 치열하게 아시아 인프라 시장을 두드리고 있지만 한국은 제대로 대비하지 못하고 있는 상황이다. 인천국제공항공사는 2013년 8월 총 사업비 11억 달러 규모의 최대 50년간 운영 가능한 미얀마 제2양곤(한따와디) 신공항 개발사업 우선협상대상자로 선정됐지만 2014년 11월 최종 본계약자 선정에서 일본·싱가포르 컨소시엄에 밀려 탈락했다. 베트남은 2030년까지 10기의 원전을 도입할 계획으로, 이를 수주하기 위한 국가 대항전이 치열하게 펼쳐지고 있지만 한국은 2015년 4월까지 승전고를 울리지 못하고 있다. 제1기는 러시아, 제2기는 일본이 각각 수주한 상태다.

이처럼 대형 프로젝트 수주전에서 잇따라 고배를 마시면서 8조 2,000억 달러 아시아 인프라 시장 '빅뱅'에서 한국이 변방에 머물 수 있다는 염려가 커지고 있다. 이와 관련하여 2014년 한국의 아시아 건설 수주 실적은 159억 2,000만 달러로 전년 대비 42% 급감한 상태다. 점차 커지고 있는 아시아 인프라 시장에서 한국의 입지는 오히려 줄어드는 모습이다.

매일경제가 제24차 국민보고대회를 통해 '원아시아 인프라 프로젝트 V'를 제안한 이유도 바로 여기에 있다. 앞으로 10년, 30년 후 한국 경제 미래를 좌우할 중요한 성장 동력이 원아시아 인프라 시장에 있다는 점을 직시하고 지금 당장 이에 대한 국가 비전과 전략을 마련해야 한다는 분석이다.

아시아 인프라 시장에서 '제2 한강의 기적'을 이룩한다면 움츠러든 한국 경제 역동성 복원이 가능하다. 3%대 저성장에서 벗어나 성장의 선순환 구조를 만들어 선진국의 상징인 1인당 국민소득 5만 달러 초석을 다질 수 있다는 제언이다.

매일경제는 1997년 한국의 21세기 비전을 '창조적 지식국가'로 설정하고 이에 대한 실천 방안을 제시하는 범국민 실천운동인 '비전코리아(Vision Korea)' 프로젝트를 출범시켰다. 총 24차례 국민보고대회를 통해 26개 보고서를 내놓았고, 정책 제언 중 260여 개를 정부와 기업이 채택했다.

이번 '원아시아 인프라 프로젝트 V'의 경우, 보다 정확하고 입체적인 분석을 위해 매일경제는 연구 파트너로 ADB와 손을 잡았다. ADB가 아시아 인프라 시장의 최고 싱크탱크(think-tank)이기 때문이다. 1966년 역내 개발도상국들의 경제 개발 지원을 목적으로 설립된 ADB는 약 50년간 아시아 인프라 시장에 대한 끊임없는 연구와 실무 경험을 통해 방대한 지식을 축적해 왔다.

많은 분들이 이 책을 읽고 아시아 인프라 시장에 대한 중요성을 인식해 한국 경제 역동성을 회복하는 계기로 삼기를 기원한다.

매경미디어그룹 회장
장대환

　매일경제가 제24차 국민보고대회에서 발표한 '원아시아 인프라 프로젝트 V'는 아시아 인프라 시장에 대한 투자의 중요성을 일깨우는 뜻깊은 보고서라고 생각합니다.

　아시아 경제는 이제 세계의 중심으로 도약하고 있습니다. 하지만 여전히 많은 아시아인이 기본적인 인프라 혜택도 충분히 누리지 못하는 실정입니다. 해외 건설 경험이 풍부한 한국이 이 과정에서 중요한 기여를 할 수 있다고 생각합니다.

　한국이 충분히 제 역할을 하려면 한국 금융의 역할이 필요합니다. 아시아 저개발국은 도로와 발전소를 건설할 기술력뿐만 아니라 자금 조달도 외부에 의존해야 하기 때문입니다. 시공사가 발주처에 의존하지 않고 인프라 투자에 필요한 자금을 스스로 조달하는 것은 세계적 추세이기도 합니다. 우리 정부가 범정부적으로 추진하고 있는 해외건설·플랜트 지원 방안도 시공사의 자금 가용성 확충에 초점을 두고 있습니다. 이를 위해 정책금융기관의 지원 역량을 확충하고, 민간금융기관의 해외사업 참여에 따른 유동성이나 위험 부담을 완화하는 지원책을 시행 중입니다. 금융위원회가 '금융 개혁' 과제의 하나로 추진하게 될 금융회사 해외진출 지원과 자본시장을 통한 모험자본 육성도 해외 인프라 투자 활성화에 기여할 것으로 기대합니다.

우리의 노력이 결실을 맺어 아시아 역내 불균형을 해소하고 더불어 성장하는 하나의 아시아, 원아시아의 비전이 완성되기를 기원해 봅니다.

금융위원회 위원장
임종룡

추천사 Ⅱ

  매년 참신한 정책 어젠다로 한국 경제의 미래 청사진을 제시
해 온 매일경제 국민보고대회가 2015년에 제시한 '원아시아 인
프라'는 그 어느 해보다 저성장과 일자리 부족으로 침체된 한국
경제에 강한 도전의식을 갖게 하는 화두였다고 생각합니다.

  특히 해외건설 50주년을 맞은 2015년, 안팎으로 그 어느 해보
다 힘든 시기를 보내고 있는 건설산업에 몸담은 사람으로서, 아
시아 인프라스트럭처 시장 개척을 통해 성장의 돌파구를 찾으라
는 '원아시아 인프라 프로젝트 V' 제언에 크게 공감하고 있습니
다. 국민보고대회를 통해 밝힌 제안은 아시아 인프라 시장의 미
래상을 정확히 밝히고 그로부터 비롯되는 사업 기회를 일목요연
하게 정리했기 때문에 민간기업 입장에서도 큰 도움이 되었다고
생각합니다. 특히 업체 간 협력이 중요하고 제안형 프로젝트로
주도권을 잡아 나가야 한다는 지적은 민간기업들이 그동안 부족
했던 부분인 만큼 더욱 크게 공감이 가며 앞으로 기업 경영을 하
는 데 큰 도움이 되리라 생각합니다.

  제안형 사업을 많이 발굴하는 것은 민간기업의 기본적인 임무

라고 생각합니다. 무한한 가능성을 가진 아시아 시장에 분명히 새로운 사업에 대한 니즈는 존재하고 있습니다. 이 니즈를 사업 기회로 구체화시켜 나가기 위해서 기업의 정보력과 민간기업 특유의 경험, 그리고 사업적 상상력을 발휘해야겠습니다.

또한 이번 국민보고대회 자리에서 이야기된 사업화 과정에서 금융권 및 정부와의 협력 내지는 지원도 크게 힘이 될 것입니다. 기업 내부적으로도 이러한 협력이 더 수준 높게 이루어질 수 있도록 아이디어를 내고 준비도 철저히 하겠습니다.

민관공(民官公)이 서로 유기적으로 협력하여 새로운 사업 기회를 발굴하고, 여기에 민간기업 특유의 경험과 상상력을 발휘해 거대한 잠재력을 보유한 아시아 인프라스트럭처 시장의 문을 열어가야겠습니다.

아울러 국민보고대회에서 나온 좋은 제언이 한 권의 책에 담겨 더 많은 사람들이 읽고 관심을 가지게 된다면, 우리 앞에 펼쳐져 있는 광활한 아시아 인프라스트럭처 시장의 문을 여는 열쇠가 될 것이라 믿습니다.

GS건설 대표이사 사장
임병용

머리말

　2020년까지 총 8조 2,000억 달러에 달하는 아시아 인프라 시장을 효과적으로 공략하기 위해선 무엇보다 '인프라 트라우마'에서 시급히 벗어나야 한다. 인프라의 중요성에도 불구하고 한국은 22조 원이 투자된 4대강 논란 때문에 국민 모두가 '인프라 트라우마'에 빠져 있다. '인프라'라고 하면 단순 토목공사로 간주해 나쁜 일자리로 낙인찍는 분위기가 만연하다.

　인프라 수주를 위한 삼박자인 정부, 민간, 금융 등이 힘을 합치지 못하고 있다. 정부는 부처 이기주의에 빠져 있고, 민간은 당장 눈앞의 이익에 급급해 '제 살 깎아 먹기식 저가 수주' 경쟁을 펼치고 있다. 금융은 보신주의에서 벗어나지 못해 대형 인프라 프로젝트 파이낸싱 모델을 만들지 못하고 있다. 2015년 3월 감사원이 발표한 '공적개발원조(ODA, Official Development Assistance) 추진 실태' 감사 결과는 부처 이기주의 심각성을 확인해줬다. 감사원은 "기획재정부와 외교부가 사전 협의를 하지 않은 채 ODA 사업을 각각 추진해 갈등을 빚는 등 국내외 신인도를 하락시켰다"며 "ODA 평가보고서를 놓고 기재부와 외교부는

12

국제회의에서 말다툼을 벌였다"고 밝혔다. 아시아 신흥국 인프라 수주를 위한 마중물이 될 수 있는 ODA 사업을 놓고 기재부와 외교부가 사사건건 충돌했다는 지적이다.

이러한 문제를 해결하기 위해선 '인프라 트라우마'에서 벗어나 인프라가 저성장과 일자리 문제에 대한 해법이라는 꿈을 갖는 것이 기본 전제가 되어야 한다. '인프라 트라우마'를 '인프라 꿈'으로 바꿔야만 한국이 아시아 인프라 시장에서 승산이 있다는 게 매일경제의 주장이다.

한국은 산업화에 대한 지식이 있고 신도시를 성공적으로 건설한 노하우도 있으며 인프라 진화의 지향점인 스마트시티를 만들 수 있는 정보기술(IT) 역량도 세계적인 수준이다. 이는 아시아 인프라 시장 3대 수요인 산업화, 도시화, 연결성에 부합한다.

'인프라 트라우마' 등으로 인해 흩어져 있는 이러한 강점들을 묶어야 한다. 매일경제는 이러한 강점을 통합하고 혁신적인 금융은 물론 법률·회계·의료 서비스까지 종합한 '코리아 패키지'를 민관 합동으로 만들 것을 제안했다. 단기간에 제조업과 신도시 인프라를 구축한 경험과 IT 역량 등 한국의 강점을 살리면서, 정부의 원조에다 민간자금을 합친 금융모델을 통해 민관공(民官公)이 함께 인프라 프로젝트를 수주하자는 주장이다.

정부는 10만㎢라는 좁은 국토 안에서 벗어나 기업들이 원활하게 아시아 인프라 시장에 진출할 수 있도록 판을 깔아 주고, 대통령은 적극적인 정상외교로 돌파구를 마련하는 것이 중요하다. 판이 깔리면 기업들은 1세대들이 무한한 상상력으로 과거 '무(無)'에서 '유(有)'를 창조했던 기업가정신을 되살려 '코리아 패키지'를 주도해 나가야 한다.

특히 한국은 자본력에서 중국, 일본 등에 밀리기 때문에 꿈을 실현하기 위해선 선택과 집중이 필요하다. 매일경제는 제2교역국이자 한국이 걸어온 길을 벤치마킹하려는 수요가 큰 아세안을 핵심 전략 시장이라고 판단하고, 이를 거점으로 아시아 인프라 양대 시장인 중국, 인도 등으로 뻗어 나가는 V라인을 구축할 것으로 제안했다.

아세안~인도를 축으로 하는 서쪽 날개에는 구미, 울산, 송도 등 한국 대표 상품인 '도시'를 경제 발전 단계에 맞춰 수출하는 것을 액션플랜으로 제시했다. '코리아 패키지'의 핵심 상품은 도시다. 한국이 과거 고도성장을 할 수 있었던 기반이 바로 구미, 울산, 포항 등과 같은 도시였기 때문이다.

아세안~중국으로 이어지는 동쪽 날개는 한국이 아시아 국가들 간 협력 모델을 이끌어 내는 '원아시아 리더십'을 발휘해 키워 나가야 하는 시장이다. 중국, 일본 등 강대국이 아시아 통합을 패권 경쟁에 이용할 수 있다는 우려가 있기 때문에 한국이 중재자 역할을 하면서 시장을 창출할 수 있다는 분석이다. 한중일 3국부터 모바일 국경을 없애고, 유럽 문화 수도 프로젝트를 본뜬 아시아판 문화·관광 수도 프로젝트를 한국 주도로 시작할 수 있다.

'원아시아 인프라 프로젝트 V'의 혼을 우리 가슴에 담자. 그래야 저성장의 늪으로 빠져드는 한국 경제를 구할 수 있고, 젊은 청년들에게 양질의 일자리를 만들어줄 수 있다. 궁극적으로 지금보다 더 강한 한국을 후손들에게 물려줄 수 있다.

원아시아 인프라 프로젝트팀 팀장

서양원

CONTENTS

PART

01

ASIAN INFRASTRUCTURE

아시아 인프라 시장이
깨어나다

긴 잠에서 깨어난
기회의 땅, 미얀마

2015년 2월 23일, 미얀마의 경제수도 양곤 시내 중심가는 사람과 차가 뒤엉켜 아침부터 요란했다. 아침을 간단히 먹고 일정을 시작하기 전 호텔 주변을 둘러봤다. 햇볕은 아침부터 뜨거웠고 양곤 시민들의 발걸음은 빨랐다. 대한민국 시골 어디에서도 볼 수 없는 구닥다리 버스에는 승복을 입은 승려와 학생, 직장인들이 서로의 몸을 의지한 채 '타고' 있다기보다 '매달려' 있었다. 낯선 풍경에 묘한 감정이 밀려들었다.

양곤 시내 교통 구조는 더 놀라웠다. 도로 구조는 우리와 같았는데 지나가는 차들을 보니 핸들이 모두 오른쪽에 붙어 있었다. 어제 공항에서 호텔까지 우리를 데려다준 차량 핸들도 그랬다. 위험하지 않다고 했지만 위험해 보였다. 오른쪽 핸들 차량은 도요타, 혼다, 닛산 등 일본 중고차가 거의 전부라고 해도 지나치지 않았다. 일본의 힘은 양곤의 도로 구조까지 무력하게 만들고 있었다. 왼쪽 핸들 구조인 한국 중고차가 설 자리는 없어 보였다. 표준이 중요하다는 사실을 양곤에서 체감했다.

미국 등 서방국가들의 경제제재가 해제되면서 미얀마는 하루가 다르게 바뀌고 있다. 양곤 시내 곳곳에서는 대형 크레인을 쉽게 목격할 수 있었다. 부동산 개발 붐이 일면서 부동산 가격은 천정부지로 치솟고 있었다. 양곤 시내 중심가의 오피스 임대료는 이미 서울 강남 수준까지 도달했다. 외국인 전용 아파트 매매가도 85㎡ 기준으로 5~6억 원 선이다. 그만큼 개발 수요가 많다는 뜻이다. 투기가 극성을 부린다고 하니 1970년대 서울 강남 개발이 떠올랐다.

한창 개발이 진행되고 있지만 전력, 상하수도, 도로, 철도 등 기본 인프라는 턱없이 부족한 실정이다. 양곤 시내만 전력 사정이 비교적 좋을 뿐 시내를 벗어나면 전기가 들어오지 않는 집이 부지기수다. 야간에 인공위성을 통해 미얀마 전체를 찍어 보면 양곤 시내만 반짝일 뿐이다. 깨끗한 물을 자유롭게 공급받아 사용하는 가구도 아직 많지 않다. 고속도로는 양곤에서 행정수도인 네피도를 거쳐 문화수도 만달레이까지 연결되는 구간 하나뿐이다. 새로 철도를 깔 계획은 있지만 중국과 인도 중 어느 쪽 궤도에 맞춰야 하는지 결정을 내리지 못해 주저하고 있다.

양곤을 비롯해 미얀마 전체의 인프라 개발 기회는 무궁무진하다. 컨설팅 및 회계 전문 기업 KPMG에 따르면 미얀마에서는 2030년까지 3,200억 달러의 인프라 수요가 발생할 전망이다. 한화로 약 350조 원에 이르는 발전소, 도로, 철도, 공항, 상하수도 등 인프라 프로젝트가 나올 예정이다.

양곤에서 만난 많은 한국인들이 "미얀마는 한국에게 마지막 기회의 땅이 될 것"이라고 입을 모았다. 지금이라도 미얀마에 대한 관심을 가지고 투자와 교류를 더 늘려야 한다며 안타까운 심정을 토로하는 이들이 적지 않았다. '늦었다고 생각할 때가 가장 빠르다'는 말이 떠올랐다. 더 늦으면 기회는 이미 일본과 중국 차지가 되어 있을 것이라는 우려와 경고가 좀처럼 귓가를 떠나지 않았다.

잠깐 통계를 들여다봤다. 2013년 말 기준으로 한국의 미얀마 투자금액은 30억 달러(누적)로 중국, 일본 등에 이어 4위 수준이다. 하지만 30억 달러 중 27억 달러가 대우인터내셔널(대우 E&P)의 가스전 투자금이다. 가스전 투자금액을 빼면 미얀마 투자금액은 3억 달러에 불과하다. 삼성전자, 현대차 등 대기업의 미얀마 진출 사례는 전무하다.

기업 진출이 드물다 보니 은행 진출도 여의치 않다. 양곤이 무섭게 성장하고 있고 많은 사람들이 마지막 기회의 땅이라고 하지만 우리은행, 하나은행, 신한은행, 국민은행, 기업은행 등 우리나라 은행들은 일본이나 중국, 싱가포르 은행에 맥을 못 추고 있다. 실제로 2014년 미얀마 정부는 총 9개 외국계 은행 영업허가를 내 줬는데 우리나라 은행은 단 한 곳도 허가를 받지 못했다. 반면 일본은 미쓰비시도쿄UFJ, 스미토모시쓰이, 미즈호 등 3개 은행이 영업허가를 받았다. 싱가포르도 OCBC, 싱가포르은행 등 2개 은행이 허가를 받았다. 은행업 영업허가를 받지 못했다는 것은 그만큼 우리의 노력이 부족했다는 뜻이기도 하지만 반대로 미얀마 정부의 우리 정부에 대한 신뢰가 부족하다는 뜻이기도 하다.

안재용 코트라(KOTRA) 양곤 무역관장은 "일본 자이카(JICA)는 유상원조와 무상원조를 종합해서 관리하지만 우리는 수출입은행(EDCF)과 국제협력단(KOICA)으로 원조가 흩어져 있다"며 "이렇게 해서는 대형 인프라 프로젝트를 수주하기 어렵다"고 지적했다. 안 관장은 일본의 적극적인 공세도 우려했다. 그는 "양곤의 도시 개발 밑그림도 이미 일본이 다 그려줬다. 이 그림에 기초해서 양곤 인프라 프로젝트가 나오기 때문에 일본 업체들에게 유리할 수밖에 없다. 일본은 자이카 예산으로 미얀마 증권거래소도 2015년 만들어준다. 표준을 심는 작업이다. 이런 게 굉장히

중요하다. 일본은 조사를 다 끝내고 진격하는 단계인데 우리는
아직도 뜸만 들이고 있다"며 안타까워했다.

　일본과 중국 틈바구니에서 희망을 발견하고 싶었다. 이튿날
미얀마를 상징하는 거대한 불탑(佛塔) '쉐다곤 파고다'에서 북쪽
으로 20분쯤 거리에 위치한 대우 아마라호텔 공사 현장을 찾았
다. 포스코건설이 시공 중인 이 호텔은 총 사업비 2억 2,000만 달
러 규모로 양곤에서도 손에 꼽히는 프로젝트다. 대우증권이 투
자하고 포스코가 시공하면 롯데가 호텔 운영을 책임지게 된다.
땅은 미얀마 국방부로부터 70년 동안 장기로 임대받았다.

미얀마 양곤 시내에 있는 대우 아마라호텔 공사 현장

한국의 원조자금으로 지어지는 양곤 '우정의 다리' 조감도

호텔 현장은 인야호(Inya Lake)와 인접해 있었다. 인야호는 양
곤에서도 아름답기로 소문난 대형 호수로 관광객들의 발길이 끊
이지 않는 곳이다. 프로젝트 발굴에서부터 금융조달, 시공, 운영
까지 우리 기업과 금융회사들이 손잡고 이뤄낸 투자개발형 사업
의 대표적 성공 사례다.

최현식 현장소장은 "미얀마가 기회의 땅임은 분명하지만 인프
라가 너무 열악하다. 특히 전력 사정이 좋지 못하다. 보통 하루에

2~3회 전기가 나간다고 보면 된다. 반면 개발 붐이 불면서 땅값은 지나치게 비싸다"고 말했다. 최 소장은 "미얀마에서 대형 프로젝트를 수주하려면 평소 미얀마 정부 관계자들과 유대관계를 돈독하게 해 두어야 한다. 그냥 공개입찰 나오는 프로젝트는 사업성이 좋지 않은 경우가 많고 이미 사업자를 정해 두고 형식적으로 입찰에 붙이는 경우가 많다. 이 문제는 우리 정부가 풀어줄 수밖에 없다"고 설명했다.

다시 양곤 공항. 23일 새벽에 도착한 대한항공 여객기 좌석은 군데군데 비어 있었다. 그나마 선교단체 학생들이 없었다면 텅 빈 비행이 될 뻔했다. 뉴욕이나 도쿄, 베이징행 여객기 객실이 여행객과 비즈니스맨들로 들어차는 것과는 사뭇 다른 풍경이었다. 이러다가 2012년 9월 개설된 양곤 직항 노선이 없어질지도 모른다는 위기감이 밀려들었다. 미얀마에 대한 관심이 불과 1~2년 사이 급격히 줄어든 원인부터 파악해야 한다는 생각에 양곤에서의 48시간은 쏜살같이 지나갔다.

자카르타의 변신

인도네시아의 수도 자카르타는 아세안의 상징과도 같은 곳이다. 아세안 사무국 본부가 위치하고 있으며 이용객 순위 세계 10위인 국제공항(수카르노하따공항)이 자리 잡고 있다. 명실상부한 아세안의 중심이다.

그러나 아세안을 대표하는 이 도시는 인프라 부족에 시달리고 있다. 약 1억 명을 자랑하는 도시 인구는 2013년 한 해에만 6%가 늘어날 정도로 성장 중이다. 매년 9~11%씩 자동차와 오토바이 숫자도 늘어 간다. 하지만 도로는 연간 1%씩 늘어나는 형편. 자카르타 주 정부는 연간 교통 체증으로 낭비되는 예산만 약 30억 달러(약 3조 3,000억 원)로 추정하고 있다. 여기에 인구 증가 때문에 도시 확장을 계속하면서 우기가 오면 홍수 피해와 기존 인프라가 수몰되는 문제가 더욱 커져 갔다. 악순환의 반복인 셈이다. 수실로 밤방 유도요노 전(前) 대통령이 이런 도시 문제 때문에 인도네시아의 수도를 다른 곳으로 옮길 생각도 했다는 현지 보도가 있었다. 2011년 세계경제포럼(WEF)이 발표한 국가경쟁력지수 인프라 부문에서 인도네시아는 139개국 중 스리랑카(70위)보다도 낮은 82위를 차지하는 불명예를 안았다. 아세안의 상징인 자카르타의 현실은 다른 아세안 국가들의 사정을 대변하기라도 하는 듯하다.

그러나 최근 들어 자카르타는 바뀌고 있다. 그동안 뜸만 들이던 도시고속철도(MRT, Mass Rapid Transport System)를 건설하겠다는 계획을 밝히면서 최근 2개의 일본 기업 컨소시엄을 사업자로 선정했다. 모노레일 건설 계획도 가시화되고 있다. 교통난 해결을 위해 도로 확충이 진행 중이고 아시아 통합 시대를 대비해 자카르타 항만의 위치도 바꾸면서 확장을 꾀하고 있다.

교통 인프라가 확충되면서 시민들의 활동 반경이 넓어졌다는 것을 가장 뚜렷하게 보여주는 증거는 외곽 부동산 가격의 급증이다. 코트라와 현지 부동산 전문 포털사이트인 라무디에 따르면 자카르타 외곽순환고속도로 인근 땅값은 2014년 한 해 동안 30% 가량 올랐다. 148개국을 대상으로 한 2014년 세계경제포럼 인프라 경쟁력 평가에서 인도네시아는 3년 전에 비해 10계단 이상 뛰어오른 61위였다.

변화가 일어나는 이유가 흥미롭다. 인도네시아 혼자의 힘으로는 불가능했을 것이다. 인프라 개발에 드는 막대한 자금을 스스로 댈 능력이 아직은 부족하기 때문이다. 그러나 그렇다고 자국의 의지 없이 국제사회의 지원만으로 자카르타의 변신이 이뤄지고 있다고 보기는 어렵다. 일본이 2011년부터 수년간 무상원조와 차관을 통해 자카르타의 인프라 개발 사업을 추진했지만 진척이 더뎠던 사실만 봐도 알 수 있다.

자카르타의 변신은 자국의 절박한 의지와 다른 나라의 전폭적 지원이 결합된 결과라고 봐야 한다. 조코 위도도 인도네시아 대통령은 2015년 1월 매일경제와의 인터뷰를 통해 "인프라 건설이 제1 경제 목표"라고 천명했다. 기존 국제사회의 인도네시아를 향한 인프라 지원과 함께 강력한 리더십의 부상으로 인한 인프라 개발에 대한 의지가 보태져서 나온 결과라고 해석하는 것이 옳다는 분석이다.

Chapter 03

9,000조 원
아시아 인프라 시장이 온다

　향후 아시아 인프라 시장을 추계한 통계들은 기관에 따라 수치는 다소 차이가 있지만 그 규모가 어마어마하게 커질 것이라는 방향성에 대해서는 이견이 없다. 가장 공신력 있는 통계는 아시아개발은행(ADB) 연구소가 2009년, 2012년 두 차례에 걸쳐 발표한 것이다.

　ADB는 2009년 〈끊임없는 아시아(*Seamless Asia*)〉 보고서를 통해 중동을 제외한 아시아 전역에서 2010~2020년 10년간 8조 2,000억 달러(약 9,000조 원)에 달하는 수요가 발생할 것이라고 추정했다. 대한민국의 연간 국내총생산(GDP) 규모가 1,428조 원(한국은행 2014년 기준)임을 감안하면 그 6배 규모의 시장 수요가 발생하는 셈이다.

인프라 시장이 팽창하는 이유는 아시아의 고도성장과 통합에 있다. 아시아는 글로벌 경기 침체 속에서도 견고한 성장세를 이어 오고 있다. 국제통화기금(IMF)에 따르면 2015년 세계 경제 평균 성장률이 3.5%로 예상되는 가운데 중국 6.8%, 인도 6.3%, 아세안(ASEAN) 5.2% 등 아시아가 성장을 이끌 것으로 예상된다. 특히 인도네시아, 말레이시아, 싱가포르, 베트남, 캄보디아, 라오스, 미얀마, 필리핀, 태국, 브루나이 등 10개 회원국으로 구성된 아세안은 2015년 말 아세안경제공동체(AEC, ASEAN Economic Community)[1]를 출범시킬 예정이다. 이는 아시아가 하나로 통합되는 '원아시아(One Asia)'를 가속화하는 계기가 될 것으로 예상된다.

성장과 통합의 뒤에는 값싼 원유 가격, 안정화에 접어드는 정치적 리더십 등이 자리 잡고 있다. 특히 유가 하락은 대한민국의 전통적인 해외 건설 시장이었던 중동 지역에서의 시장 축소는 물론 기존 공사대금 회수 위험 또한 커지고 있음을 뜻한다. 태국을 제외하면 중국, 인도, 인도네시아, 미얀마, 베트남 등의 새로운 국가 리더십들은 높은 국민적 지지율을 바탕으로 인프라 개

1

1995년 아세안 10개국이 논의를 시작해 2015년 출범시키기로 약속한 아세안 지역의 경제 공동체. 인구 6억 4,000만 명, GDP 약 3조 달러의 거대한 단일 시장이 형성된다. 아세안 국가들은 AEC를 통해 회원국들의 정치 안보, 사회 문화, 경제 등을 통합하겠다는 목표를 갖고 있다.

발에 나서겠다는 청사진들을 제시하고 있다. 이는 국민들의 경제 성장 기대감과 함께 지지율을 유지하는 밑거름이 되고 있다.

　매일경제와 ADB는 이러한 아시아의 고도성장과 통합으로 인해 산업화(Industrialization), 도시화(Urbanization), 연결성(Connectivity) 등 3대 인프라 수요가 뚜렷하다고 분석했다.

　다수의 저개발 상태 아시아 국가들이 산업화를 통한 경제 성장을 도모하면서 전력 및 에너지 인프라 확충에 열을 올리고 있다. 대표적인 사례로 인도, 파키스탄 등을 포함하는 남아시아 지역이 있다. 이 지역에는 모두 7개의 대규모 산업벨트(industrial corridor)들이 개발되고 있는데, 이들 정부는 매년 5,000억 달러를 벌어들일 수 있는 제조업 기반을 확충하자는 청사진을 제시하고 있다. 연간 5,000억 달러의 제조업 매출은 한국이 연간 생산하는 제조업 매출(약 2,500억 달러, 2012년 기준)의 2배에 달한다. ADB는 막대한 산업화 인프라 건설 계획 때문에 아시아에서 가장 많이 필요한 인프라가 전력 및 에너지 분야라고 분석하고 있다. ADB에 따르면 에너지 인프라 수요는 전체의 48.7%에 달한다.

　도시화로 인한 인프라 수요도 막대하다. ADB에 따르면 매일 12만 명의 새로운 인구가 아시아 각국 도시로 밀려들고 있다. 총 인구 50만 명 수준인 분당 신도시 같은 도시가 나흘마다 하나씩 만들어져야만 아시아의 도시화 수요를 충족시킬 수 있다는 뜻이다. 또 ADB가 추계한 바에 따르면 하루에 도심 내 건설되어야 하는 도로만 250㎞에 달한다. 2012년 기준 아시아의 도시 거주 인구는 16억 명에 이르는데, 이 숫자는 2050년이 되면 32억 명으로 정확하게 2배가 될 전망이다. 이는 전체 아시아 인구의 65%가 도시에 살게 될 것이라는 뜻이다. 인구 1,000만 명이 넘는 메가도시(28개)의 절반 이상(16개)이 아시아에 위치하고 있다. 도쿄, 델리, 상하이, 뭄바이, 베이징, 오사카, 다카, 카라치, 캘커타, 충칭, 마닐라, 광저우, 톈진, 선전, 자카르타, 방갈로르 등이다. 그리고 2025년이 되면 그 숫자는 더욱 늘어나 전 세계 메가도시 37개 중에서 22개가 아시아에 위치할 것으로 예상된다.

특히 도시 인프라 수요는 주요 아시아 도시들의 슬럼화와 맞닿아 있다. 2010년 기준으로 아시아에는 약 5억 550만 명의 인구가 도시의 슬럼 지역에 살고 있는데, 이는 전 세계 슬럼 거주 인구의 절반이 넘는 수준이다. 슬럼화에 대한 아무런 대책이 나오지 않는다면 2050년에는 10억 명의 아시아 인구가 슬럼에 살게 된다. 16억 명의 아시아 도시 거주 인구 중에서 5억 명이 도시 빈민층인데 이는 전 세계 도시 빈민층의 60%에 해당한다. 아시아 도시 거주 인구 중 약 2억 명의 일간소득은 1달러를 밑돌고 있다.

아시아 각국을 교통 및 물류로 연결하기 위한 인프라 수요도 상당한 비중을 차지한다. 2016년부터 건설이 시작되며 2015년 안에 사업자가 선정될 것으로 예상되는 쿠알라룸푸르~싱가포르 고속철도는 아시아의 국경 간 연결 수요를 보여주는 상징적인 사업이다. 2020년까지 약 11조 원에 달하는 사업비가 투입될 이 공사에는 중국 철도회사 2곳이 참여를 선언했으며 일본, 프랑스, 독일 등도 군침을 흘리는 '국가 대항전'이다. 특히 쿠알라룸푸르~싱가포르 고속철 구간은 총연장 1만 5,000㎞에 달하는 아세안 통합 고속철도(Pan-Asean High Speed Railway) 사업의 최초 시범사업이라는 성격도 있기 때문에 전 세계의 관심이 집중되고 있다. 김영선 한·아세안센터 사무총장은 "2015년 말 아세안 경제공동체가 출범하면 아세안 회원국 내 격차 해소를 위한 메콩 강 유역 국가 간 도로망 연결 사업, 교량 사업, 부두 및 항만 정비 사업 등 연계성 강화를 위한 대형 인프라 사업이 더욱 활발해질 것"이라고 전망했다.

한편 ADB의 연구 결과에 기초해 아시아 인프라 수요를 지역별로 살펴보면 중국과 인도에 아시아 시장의 수요가 집중돼 있다. 전체 8조 2,000억 달러 중에서 중국이 53.1%, 인도가 26.4% 등을 차지하고 있다. 중국을 제외한 동남아시아가 13.5%, 중앙

국가	아시아 전체 대비(%)	투자 수요(억 달러)	인당 국민소득(달러)
아시아에 필요한 국가적 인프라 투자(2010~2020년)			
중앙아시아	4.5	3736.6	
파키스탄	2.2	1785.6	1,288
카자흐스탄	0.8	695.4	15,717
동남아시아	66.6	54723.3	
중국	53.1	43676.4	5,339
인도네시아	5.5	4593.0	3,240
말레이시아	2.3	1880.8	10,844
태국	2.1	1729.1	5,686
필리핀	1.5	1271.2	2,428
베트남	1.3	1097.6	1,763
미얀마	0.3	217.0	163
캄보디아	0.2	133.6	1,196
라오스	0.1	113.8	1,286
남아시아	28.8	23705.0	
인도	26.4	21724.7	1,556
방글라데시	1.8	1449.0	695
스리랑카	0.5	379.1	3,175
아시아 전체	100.0	82225.0	

자료: ADB·ADBI(2009, 2012년), IMF

아시아가 4.5%, 스리랑카 등 남아시아(인도 제외)가 2.3%로 그 뒤를 잇는다.

분야별로는 에너지 인프라 수요가 전체의 48.7%에 달한다. 예를 들어 중국은 저유가를 바탕으로 내륙지역에 중소형 규모의 화력발전소 건설에 열을 올리고 있고 인도 역시 동쪽 해안지역을 따라 건설하고 있는 8,000㎞ 길이의 산업벨트에 원전 1기가 생산하는 전력에 맞먹는 8,500㎿급 발전소들을 건립하려는 계획을 추진 중이다. 메콩 강 일대에는 풍부한 수자원을 바탕으로 수력발전소들을 짓는 계획들이 라오스, 캄보디아 등에서 진행되고 있다.

교통(35.2%), 통신(12.7%), 물·위생시설(3.4%) 등의 분야별 수요가 전력과 에너지 시장의 뒤를 잇고 있다. 교통 중에서도 가장 큰 비중을 차지하는 것은 도로 인프라다. 전체 교통 인프라 수요 규모의 87%를 도로 인프라가 점유하고 있다. 산업화에 따른 물류 수요를 충족시키기 위한 항만 인프라가 그 다음으로 아시아에 많이 필요한 상태로 분석된다. 철도, 항공 인프라 수요는 아직 도로나 항만에 비하면 크지 않지만 향후 빠르게 시장이 팽창해 나갈 것으로 예상된다.

| 분야별 아시아 인프라 투자 수요(2010~2020년) |

단위: 십 억 달러

분야	동남아시아	남아시아	중앙아시아	태평양	합계
전력	3182.5	653.7	167.2	-	4003.3
교통	1593.9	1196.1	104.5	4.4	2898.9
공항	57.7	5.1	1.4	0.1	64.3
항만	215.2	36.1	5.4	-	256.7
철도	16.1	12.8	6.0	0.0	35.0
도로	1304.8	1142.4	91.7	4.3	2543.0
통신	524.8	435.6	78.6	1.1	1040.1
전화기	142.9	6.5	4.5	0.1	153.9
휴대폰	339.1	415.9	72.0	1.0	827.8
광대역	42.8	13.3	2.2	0.1	58.4
물·위생시설	171.3	85.1	23.4	0.5	280.2
물	58.4	46.1	8.6	0.1	113.2
위생시설	112.9	39.0	14.8	0.4	167.0
합계	5472.3	2370.5	373.7	6.0	8222.5

자료: ADB·ADBI(2009, 2012년)

Chapter 04

전 세계가 주목하는
아시아 인프라

　세계 각국은 8조 2,000억 달러에 이를 것으로 추정되는 아시아 인프라 시장을 차지하기 위해 총성 없는 전쟁을 벌이고 있다. 특히 산업화와 도시화가 빠르게 진행되면서 전력, 교통, 통신 등 인프라 수요가 급증하고 있는 캄보디아, 라오스, 미얀마, 베트남, 태국 등 아세안 개발도상국 시장을 선점하기 위한 경쟁이 날이 갈수록 심화되는 양상이다.

　KPMG에 따르면 미얀마 단일 국가 내에서만 2030년까지 3,200억 달러의 인프라 수요가 발생할 전망이며 인도네시아와 베트남, 태국에서도 2013년부터 2020년까지 각각 2,350억 달러, 1,700억 달러, 1,050억 달러 규모의 대규모 인프라 투자가 이뤄질 것으로 추정된다. 중국과 일본은 천문학적 자금을 쏟아부으며 주도권 경쟁을 벌이고 있다. 미국과 유럽도 이 시장을 주목하

┃ 현실로 다가온 중국몽 '一帶一路' ┃

독일　이탈리아　육상실크로드　시안　중국　취안저우　이란　탄자니아　해상실크로드

고 있지만 우리 정부와 기업의 관심은 상대적으로 미흡하다는 지적이 많다.

우선 중국은 4조 달러에 육박하는(3조 8,400억 달러, 2014년 말 기준) 외환보유고를 앞세워 아세안 개도국 인프라 시장을 집중 공략하고 있다.

인프라 개발의 밑그림이라고 할 수 있는 '일대일로(一帶一路, One Belt One Road)' 구상은 2013년 9월 시진핑 국가주석이 카자흐스탄 나자르바예프대학교 연설에서 처음 밝혔다. 중국 내륙에서 출발한 육상·해상실크로드를 각각 중앙아시아와 동남아시아를 거쳐 유럽까지 연결하겠다는 야심찬 계획으로 최근 왕이 중국 외교부 부장은 "2015년 중국 외교 키워드는 일대일로"라고 밝히기도 했다.

일대일로는 '중국판 마셜플랜'으로 평가받으며 경제적 패권은 물론 정치·군사적 패권 추구의 핵심 원동력으로 주목받고 있다. 중국 언론은 일대일로가 완성되면 26개 국가와 지역의 인구 44억 명이 하나로 연결되며 경제 규모는 21조 달러에 이를 것으로 전망했다.

중국은 일대일로 프로젝트를 실현하기 위한 금융 플랫폼으로 2014년 10월 아시아인프라투자은행(AIIB) 설립을 공식 선언했다. 자본금 500억 달러로 시작하되 그중 20% 가량은 중국 정부가 부담하기로 하는 등 중국판 인프라 구축을 위한 발걸음을 재촉하고 있다.

재정 여력이 부족한 중앙아시아와 아세안 개도국들은 AIIB 자금 지원에 국내 인프라 개발을 상당 부분 의지할 가능성이 높다. 현재 미국과 일본이 대주주로 있는 아시아개발은행(ADB)이 역내 빈곤 퇴치와 인프라 개발을 주도하고 있지만 수요에 비해 지원 실적은 크게 미치지 못하고 있어 AIIB 출범에 대한 기대감은 더욱 고조되고 있다.

세계은행(WB)과 IMF, ADB 등에서 프로젝트를 발주하는 것처럼 AIIB에서도 프로젝트를 선별해 발주하게 된다. 이 경우 참여하는 각 국가들은 일반적으로 출자 지분율만큼 수주하게 된다. 영국은 물론 프랑스, 독일, 이탈리아 등 서방 선진국들이 잇따라 AIIB에 참여하기로 한 것도 향후 AIIB가 발주하는 대형 프로젝트를 수주하기 위한 사전 포석인 것으로 풀이할 수 있다. 한 중국 전문가는 "경제적 관점에서 보면 일대일로와 AIIB는 중국이 아시아 인프라 시장 전체를 지배하겠다는 뜻으로 풀이된다"며 "일본과 미국이 주도하는 기존 아시아개발은행 체제가 크게 흔들릴 수 있다"고 설명했다. ADB와 AIIB가 상호보완적 관계를 유지하며 아시아 인프라 개발과 경제 발전을 이끌 것이라는 전망도 없지 않다.

일본 아베노믹스의 3가지 화살 중 하나도 아시아 인프라 시장을 정조준하고 있다.

특히 일본 정부는 아세안 인프라 수요가 교통과 도시 개발에 집중되어 있다는 점을 근거로 2014년 '해외교통·도시개발사업지원기구(JOIN)'를 출범시키며 2020년까지 해외 인프라 수주 실적을 연간 10조 엔에서 30조 엔으로 확대하겠다는 구상을 밝혔다. JOIN은 일본 정부가 585억 엔을 출자하고 510억 엔 보증을 제공하며 민간은행 등에서 40억 엔을 출자해서 설립했다. 우리

| 아베노믹스 화살도 아시아 인프라 겨냥 |

돈으로 환산하면 자본금만 6,000억 원에 이르는 대형 조직이다. 일본 정부는 JOIN을 통해 해외에서 특히 대규모 투자가 필요한 교통, 도시개발사업 등을 원스톱으로 지원한다는 방침이다. 해외교통·도시개발사업지원기구 출범에서 보듯이 일본은 정부가 앞에서 끌어주면 은행, 종합상사, 기업 등이 뒤따르는 민관일체형 수주전략을 펼치며 아시아 인프라 시장을 공략하고 있다. 이른바 '올 재팬(All Japan)' 전략이다.

'올 재팬' 전략은 곳곳에서 위력을 발휘하고 있다. 태국 정부는 중국이 공들여 온 약 13조 5,000억 원 규모의 고속철도 사업권을 최근 일본에 넘기는 방안을 검토하고 있는 것으로 전해졌다. 2013년 일본 정부는 미얀마 정부 부채 3,000억 엔을 탕감해 주는 조건으로 양곤 시내에서 약 20㎞ 떨어진 띨라와 경제특구(SEZ) 독점 개발권도 획득했다. 띨라와 산업단지는 도쿄돔 510여 개 크기인 2,400㏊로 조성되며 총 사업비는 3,000억 엔에 이른다. 아세안경제공동체(AEC) 출범을 앞두고 띨라와를 아세안 내 제조업 전진기지로 삼겠다는 구상이다.

이지평 LG경제연구원 수석연구위원은 "일본 정부는 절대 빼앗길 수 없는 아세안 시장에서 가능한 모든 분야의 인프라 수출 확대뿐 아니라, 공급 체인 강화에 따른 지속적인 일본 기업의 진출과 더 폭 넓은 산업진출을 촉진하는 '풀(full) 진출'을 키워드로 설정하고 있다"고 평가했다.

일본은 아시아에서 30~40년 활동한 후 은퇴한 상사맨들을 CLMV(캄보디아, 라오스, 미얀마, 베트남)에 대거 파견하고 있다. 이들은 CLMV 정부부처에서 경제 개발 등과 관련한 자문관 역할을 하면서 동시에 일본 기업의 진출을 돕는 창구 역할을 하는 것으로 알려졌다. 은퇴한 상사맨들을 활용한 일본의 전략은 장기적 안목을 갖고 추진되는 것으로, 우리나라는 물론 다른 나라들도 배워보려고 하지만 이미 일본의 기득권이 공고해 기회를 포착하기 어려운 실정이다.

아시아 인프라 시장에 대한 미국과 EU 국가들의 관심도 고조되고 있는데 이는 중국의 세력 확장을 겨냥한 '지정학적 전략'의 일환인 것으로 풀이되고 있다. 일본이 단순 경제적 이익을 목적으로 뛰고 있다면 이른바 G2 국가인 미국과 중국은 국제정치적 맥락에서 특히 아세안 지역에서 힘겨루기를 하는 모습이다. 인프라 개발 이슈가 미국과 중국의 패권 경쟁 양상으로 비화될 경우 이를 부담스럽게 여긴 CLMV 각국 정부에서는 우리나라를 비롯해 다른 나라에 대형 프로젝트를 맡길 가능성도 높다.

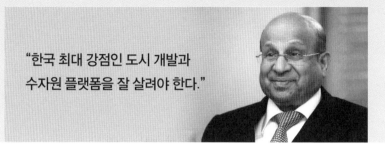

"한국 최대 강점인 도시 개발과
수자원 플랫폼을 잘 살려야 한다."

약 25년 동안 아시아개발은행(ADB)에서 아시아 개발도상국의 인프라 개발을 담당해 온 빈두 로하니 부총재는 향후 한국의 민간기업들이 주목해 봐야 할 시장 트렌드가 2가지 있다고 했다. 첫째는 도시화(Urbanization), 둘째는 기후변화(Climate change)다.

| 도시화 |

로하니 부총재가 9,000조 원이라는 거대한 아시아 인프라 시장에서 한국에 가장 큰 기회요인이 될 수 있다고 분석한 첫 번째 분야는 '도시'다. 그는 "아시아 지역에 위치한 대도시들은 특히 해안 지역이나 큰 하천 주변에 밀집해 있는 경향이 있는데, 인프라가 부족한 상황이기 때문에 위험요인들에 취약한 편이다"고 말했다. 도시에 일자리와 경제적 성장이 있기 때문에 인구는 집중되지만 상하수도, 교통 등 기반시설들이 열악하다 보니 이는 사회적 이슈가 되곤 한다. 도시 거주민들의 소득 수준이 성장하고 정치적 영향력이 커지다 보면 리더들의 관심도 도시 인프라에 집중될 수밖에 없다. 로하니 부총재는 "2050년이 되면 아시아 인구 3분의 2가 도시에 거주하게 된다"며 "교통 체증, 환경오염 등 각종 도시문제가 발생할 것으로 예상되며 관련 시장도 커질 전망"이라고 말했다.

매일경제는 로하니 부총재의 이런 분석에 기초하여 제24차 국민보고대회를 통해 맞춤형 스마트시티 건설모델을 아세안 국가들에게 먼저 수출해야 한다고 주장했다. 그는 "한국은 스마트 교통 시스템 도입이나 에너지 효율성을 강화한 건물설계 등에 강점을 갖고 있다"고 말했다. 스마트시티는 수자원, 상하수도, 전력, 공공 보건의료 서비스 등의 공급체계를 안정적이고 효율적으로 전달할 수 있는 체계다. 로하니 부총재는 "ADB 역시 스마트시티를 통한 인프라 구축과 아시아 거주 빈곤층의 경제적 향상을 도모하려 하고 있다"고 말했다.

| 기후변화 |

최근 아시아에는 자연재해 피해가 잇따르고 있다. 2011년 4분기 말 태국에 홍수가 발생했을 당시 이 나라의 GDP는 전년 동기 대비 9% 급감하는 피해를 보기도 했다. 2007년 인도네시아의 자카르타 홍수 때에는 도시 전 지역의 70%가 물에 잠겼고 45만 명의 이재민이 발생했다. 바로 이듬해인 2008년에도 엄청난 수해가 발생했는데, 당시 항공편 1,000여 편이 연착되고 260여 건의 항공편이 취소되는 사태가 벌어졌다. 로하니 부총재는 "기후변화로 인한 아시아 국가들의 경제적 피해는 상상 속의 이야기가 아니다"며 "2003~2012년 자연재해로 인한 물질적 피해는 6,870억 달러에 이른다"고 말했다. 매일 1억 8,800만 달러씩의 피해가 발생한다는 의미다.

이런 현실 속에서 한국이 노려 볼 수 있는 기회요인은 한국형 수자원 인프라 플랫폼이다. 로하니 부총재는 "민간부문 또는 공공부문의 경쟁력만이 뛰어나다는 평가를 받는 다른 나라에 비해 한국의 수자원 산업은 민관의 경쟁력이 골고루 갖춰져 있다"고 평가했다. 실제로 ADB는 한국수자원공사와 함께 아시아 전 지역에 한국만의 스마트 수자원 관리 시스템 기술을 전파하고 관리 노하우를 가르치는 교육 과정을 개설하는 방안을 추진하고 있다.

| 한국, 민관 협력 이뤄지면 무서운 힘 발휘할 것 |

로하니 부총재는 도시(스마트시티)와 수자원이라는 강력한 한국만의 강점을 살리기 위해서는 민관의 협력이 필요할 것이라고 강조했다. 그는 "중국과 일본이 자금력과 민관 협력 전략으로 아시아 인프라 시장에서 기여도를 높이고 있다"며 "한국은 다양한 장점이 있음에도 불구하고 이를 잘 살리지 못하는 것 같아 안타깝다"고 말했다. 그는 "대부분의 인프라 투자는 사업 기간이 20년 가까이 되기 때문에 장기적 안목으로 사업을 바라보는 것이 중요하다"고 강조했다. 정부와 민간기업이 자금과 리스크를 분담해 인프라 사업 투자와 운영을 분담하는 모델이 필요하다는 의미다.

이미 아시아 인프라 시장에서는 스마트시티, 스마트 수자원 관리 시스템 등을 두고 다양한 협력 모델이 나타나고 있다. 예를 들어 영국 정부는 ADB 및 미국의 록펠러 재단과 함께 아시아에서 빠르게 성장하고 있는 배후 도시 지역들에 대한 인프라 개발 프로젝트(Managing Climate Risks for the Urban Poor)를 진행하고 있다. 방글라데시, 인도, 인도네시아, 파키스탄, 필리핀, 베트남 등 6개국이 우선적인 지원 대상이다. 로하니 부총재는 "이 지역에는 기후변화와 각종 자연재해를 감안한 스마트시티 및 스마트 수자원 관리 시스템을 우선적으로 지원하게 될 것"이라고 말했다.

제24차 국민보고대회의 공식 파트너인 ADB를 대표해 이번 행사에 참여한 로하니 부총재는 네팔 정부에서 인프라 개발을 담당하다가 ADB에 합류했다. 이후 25년 동안 다양한 아시아 전역의 인프라 개발 프로젝트에 참여해 왔다. ADB에서 이례적이게도 8년간 부총재를 역임했는데 이는 전무후무한 기록이다.

매일경제는 제24차 국민보고대회를 맞아 아시아 인프라 시장에서 한국이 기회를 잡을 수 있는 방법을 공동으로 연구하기 위한 파트너 후보들을 검토했다. 컨설팅 회사나 건설사, 회계법인, 금융회사 등이 물망에 올랐다. 하지만 아시아 시장을 아우르는 전체적 시각을 갖기 어려운 데다 축적된 연구가 없다는 이유 등으로 배제됐다. 최종 선정된 파트너가 바로 ADB다. 1966년 8월 역내 개발도상국들의 경제 개발 지원을 목적으로 설립된 이후 약 50년간 아시아 인프라 시장에 대한 끊임없는 연구와 실무 경험을 통해 지식을 축적한 곳이다. 빈두 로하니 ADB 지식경영 담당 부총재는 "ADB만큼 아시아 인프라 시장에 대한 분석과 접근 방법에 대해 노하우를 갖고 있는 기관은 찾기 어려울 것"이라고 말했다. 특히 로하니 부총재는 제24차 국민보고대회 연구를 위해 6차례 특별 회의를 소집하고 14권의 내부 연구자료를 연구진과 공유했다. 매일경제는 ADB 본부가 있는 마닐라 현지에서 2주 동안 자료 검토 및 공동 연구를 진행했다.

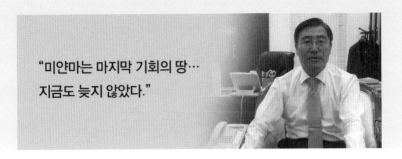

"미얀마는 마지막 기회의 땅…
지금도 늦지 않았다."

이백순 미얀마 대사와의 인터뷰는 2015년 2월 23일과 24일 양일에 걸쳐 양곤 시내 샹그릴라호텔과 대사관에서 이뤄졌다. 이 대사는 시종일관 진지하고 열의에 가득 차 있었다. 한따와디 신공항 프로젝트 수주를 막판에 놓친 부분에 대해서 특히 안타까움을 나타냈다. 우리 대기업들이 일본과 달리 미얀마라는 기회의 땅에 주목하지 않고 있다며 목소리를 높이기도 했다. 지금 이 순간 전 세계에서 가장 뜨거운 지역으로 꼽히는 미얀마 양곤에서 그 열기를 누구보다 몸소 체험하고 있는 이 대사의 얘기를 들어보자.

Q. 미얀마를 포함해서 아시아 인프라 시장을 어떻게 보고 있나?

아세안 10개국 인프라 수요는 계속 확대될 것이다. 대부분 저개발 상태로 인프라가 매우 열악하기 때문이다. 특히 2016년이면 아세안경제공동체(AEC)가 출범하면서 도로, 철도, 공항, 항만 등 연결성 수요가 폭발적으로 증가할 것이다. 미얀마만 놓고 보면 지리적으로 동아시아와 서아시아의 교차로에 있지만 지금까지 폐쇄되어 있었다. 동아시아와 서아시아를 연결하는 육교라는 지정학적 입지로 인해 물류 인프라 수요가 앞으로 크게 늘어날 전망이다.

Q. 아시아 인프라 시장, 기회는 많다고 하지만 가시적 성과는 보이지 않는다. 현장에서 보기에 가장 큰 원인은 어디에 있는가?

사과나무 밑에 앉아 있다고 사과가 그냥 떨어지는가? 꼭지를 따는 노력이 필요하고 거름을 주는 정성도 있어야 한다. 그 다음 한 방, 위닝샷이 필요하다. 그런데 우리 기업들은 너무 평면적으로 접근하는 것 같다. 과거 우리나라도 베트남이나 중국 시장을 개척할 때 '퍼스트 무버(first mover)'로서 진취적인 DNA가 있었다. 중국과 일본은 원조자금 규모에서 우리와 비교할 수 없다. 그 틈바구니에서 우리가 살 수 있는 길은 퍼스트 무버가 되는 것이다.

그러나 지금 기업을 포함해서 우리나라 국민들은 과거 우리의 장점이었던 진취적 DNA를 잃어 가고 있는 것 같다.

Q. 한따와디 실패는 금융 실패라고 하는데?

해외건설 프로젝트 파이낸싱(PF)과 관련해서는 금융이 기업들을 제대로 뒷받침해주지 못하고 있다고 본다. 제조업과 건설업체들은 자기 자금만으로 이 시장에 진출할 수 없다. 금융기관 도움이 필요하다. 한따와디 신공항 프로젝트 같은 경우에도 우리가 우선협상대상자로 지정된 후 국내 금융회사들이 미얀마 정부 보증을 요구함으로써 결국 협상이 결렬되었다. 사업권을 따 놓고도 또 금융회사가 보증을 요구해서 무산된 경우도 있다. 민자 발전소(IPP) 프로젝트인데 정부구매계약(PPA)을 받았으면 이게 보증이나 사실상 다름없는데 우리 금융기관들은 미얀마 정부 보증을 요구했다. 한국 금융회사들은 리스크를 단 1%도 지려고 하지 않는다. 외국 금융기관의 경우, PPA만 있으면 정부 보증은 요구하지 않고 대출을 해준다. 이 점에서 우리 금융기관과 큰 차이가 있고 우리 기업에겐 큰 약점이 된다.

Q. 제조업 동반 진출이 답이라는 얘기도 있다.

일본이 그렇게 하고 있다. 하지만 우리나라 자동차회사가 미얀마에 공장을 짓는다는 얘기는 들어보지 못했다. 일본은 동남아에 자동차 공장이 몇 개인가? 양곤 최대 산업단지인 띨라와에도 일본 자동차회사와 관련 기업들이 대거 들어올 예정이다. 1년 뒤면 아세안 10개국 경제공동체가 출범하는데, 그 후 아세안 국가 내 생산공장이 있는 자동차회사와 그렇지 않은 회사 간의 가격 경쟁력 차이는 더 벌어질 것이다. 미얀마를 예로 들면 제조업을 일으켜야 한다. 인프라만 보고 접근하는 것보다 이게 보다 현실적인 방안이다. 미얀마에서 반원을 그리면 2,000㎞ 내에 20억 명의 인구가 있다. 미얀마 노동력과 천연자원, 한국의 기술력, 지리적 이점 등을 잘 활용하면 제조업에 승산이 있다. 아세안 10개국 중 생산거점으로 제일 적합한 곳이 미얀마다. 인건비, 노동력의 질, 지리적 이점 등을 잘 활용해야 한다.

Q. 시장 개척 밑거름 역할을 하는 원조자금이 유상과 무상으로 나눠져 효율성이 떨어진다는 지적이 많다. 원조자금을 합치고 규모도 키워야 하는 것 아닌가?

기재부 예산으로 수출입은행이 실행하는 대외경제협력기금

(EDCF, 유상)과 외교부 예산으로 국제협력단(KOICA, 무상)이 집행하는 원조가 현재 분리돼 있다. 이 같은 주머니 구분은 우리 내부적으로 하면 될 일이다. 밖으로 나갈 때는 한 주머니에서 나가는 것처럼 유기적으로 연계되어야 한다. 한따와디 공항도 유·무상 원조를 종합적으로 관리하는 일본 자이카(JICA)에 밀렸다.

Q. 미얀마는 기회의 땅인가?

미얀마를 개척하지 않으면 어디를 할 것인가? 그 다음 우리는 어디서 기회를 찾을 것인가? 미얀마가 어렵다면 아프리카는 더 어렵다. 아프리카 근무를 해봐서 잘 안다. 미얀마는 40년 전 한국과 같다. 우리가 발전했던 과정의 기억을 재구성하고 경험을 되살리면서 미얀마에 접근하면 충분히 많은 기회를 우리 것으로 가져올 수 있다. 요즘 기업인들 고생을 안 하려고 한다. 세상에 공짜 점심은 없다. 과거에 일본 기업들은 시장 조사만 하고 철수했지만 한국은 그렇지 않았다. 그러나 지금 미얀마에서는 일본인 학교에 학생들이 본격적으로 늘고 있다. 일본은 종합병원도 2개를 짓는다고 한다. 한국인 학교와 사회에서는 이런 역동적인 동향이 아직 없다. 일본은 본격적으로 미얀마 상륙작전을 시작했다. 조사 및 정찰 단계를 끝내고 본격적인 상륙작전을 펼치고 있는 것이다.

Q. 지금 겨냥하고 있는 큰 프로젝트는 무엇인가?

우리 국내 인프라 시장은 거의 포화 상태가 아닌가. 국내 건설사들은 해외 인프라 시장에서 활로를 찾아야 한다. 미얀마에서 앞으로 열릴 인프라 시장의 잠재력은 막대하다. 그리고 중국, 베트남에 있는 우리 제조업 공장들도 조만간 미얀마로 많이 이전해 올 것이다. 이에 대비한 프로젝트를 진행 중이다.

Q. 프로젝트를 발굴해도 결국 또 금융에 막히면 어떡하나?

보험회사 투자 여력이 100~200조 원 있지 않은가? 연기금도 보수적이긴 하지만 여기서 수익을 거둘 수도 있다. 미얀마는 2014년에 8.5% 성장했다. 불만 잘 붙여주면 10년, 20년 고도성장할 기세다. 우리가 여기 토대를 잘 닦아 놓으면 이 나라 성장과 같이 우리 기업이 성장할 수 있다. 그리고 중국 발전을 교훈 삼아서 조인트 벤처나 현지 기업과의 합작을 통해 장기적이고 지속적인 성장 발판을 마련해야 한다. 미얀마에서 판매되는 맥주를 보면 전부 '미얀마 비어(Myanmar Beer)'뿐이다. 미얀마 비어는 싱가포르 회사인 타이거 맥주가 모회사다. 현지화를 통해 시장을 선점한 사례다. 우리도 이런 전략을 펼쳐야 한다.

Q. **지금이 절박한 시기인가?**

타이밍이 중요하다. 2016년이 되면 이 시장도 레드오션이 될 것이다. 미국은 2014년 미얀마 상공회의소(American Chamber of Commerce in Myanmar)를 만들었는데 100개 가까운 기업이 참여했고 그중 절반 정도는 양곤에 사무실이 있다. 2015년에는 참여 기업이 더 늘어 120개 가까이 된다. 반면 미얀마에 진출한 한국 기업은 손에 꼽을 정도로 적다. 2015년 11월 총선이 끝나고 2016년이 되면 수많은 외국 기업들이 양곤으로 몰려들 것이고 그 와중에 좋은 사업권을 따내기는 더욱 어려워질 것이다.

PART

02

인프라의 개념이 바뀐다,
인프라 트라움

Chapter 01

확장되는 인프라의 개념

　인프라는 끊임없이 외연을 넓혀 가고 있다. 물, 학교, 주택 등 빈곤 퇴치를 위한 인프라 1.0에서 공항, 철도, 도로 등 생산 기반을 접목시킨 인프라 2.0 그리고 금융, 의료 등 삶의 품격을 높이는 인프라 3.0으로 진화하고 있다. 대한민국의 경우만 보더라도 더 이상 철도와 도로만을 인프라라고 부르지 않는다. 인천 송도 국제무역도시 등 새로운 도시들을 만들 때 정부와 시민사회가 가장 원하는 인프라는 '환경'이다. 기업하기 좋은 환경, 살기 좋은 환경, 교육과 의료 등 각종 삶의 질이 충만한 환경을 인프라로 부르고 있다.

　이미 독자들은 이해하고 있겠지만, 이 책에서 '인프라'라고 줄여서 부르고 있는 용어는 사실 '인프라스트럭처(infrastructure)'를 뜻한다. 인프라(infra)는 라틴어로 '아래(under)'를 의미한다.

따라서 인프라스트럭처란 각종 경제, 사회, 문화, 정치가 이뤄지는 아래에 위치한 하부 구조물이라고 할 수 있다.

하지만 오늘날 인프라는 법, 제도, 행정뿐만 아니라 금융, 교육, 의료 등 각종 서비스들을 모두 합쳐서 부르고 있다. 이는 사회간접자본(social overhead capital)을 인프라와 동일시해 온 언어역사학적 배경 때문에 발생하는 현상일 가능성이 높다. 그러나 배경이 무엇이 됐든 새로운 도시를 만들거나 기업이 입지를 정할 때 "인프라가 갖춰져 있어야 들어갈 수 있다"라고 말한다면 그때의 인프라에는 도로, 항만, 공항, 교통뿐만 아니라 법과 제도, 행정 등 모든 제반 환경들이 포함돼 있다.

따라서 사실 오늘날 인프라스트럭처의 용어는 다시 정의될 필요가 있다. 하부 구조와 상부 구조를 모두 총칭하여 부르는 말이

기 때문에 실제로는 '인프라스트럭처'가 아니라 '슈퍼스트럭처 (superstructure)' 또는 '슈프라스트럭처(suprastructure)'라고 불려 야 할지도 모른다.

이처럼 진화하고 있는 인프라 개념은 대한민국처럼 건설 및 토목공사 수출을 지향하는 국가에 무엇을 의미하는가? 매일경 제 국민보고대회 취재팀은 바로 '도시'가 인프라 3.0 시대에 대 표적 상품이라고 제안한다. 실제로 진화하는 인프라의 최종적인 모양은 '도시'로 나타나고 있기 때문이다.

미국의 저명한 도시연구 전문가인 앤서니 타운젠드(Anthony M. Townsend)는 스마트시티의 실효성에 대해 사전에 철저한 수 요조사를 통해 이용자가 체감할 수 있는 모델 개발이 필요하다 고 말한다. 그는 공공자전거 대여 모델을 예로 들며 시민들에게 에너지 절약 및 환경보호, 교통 체증을 해결할 수 있는 좋은 아 이템이 있어야 공감 형성이 가능하다며 한발 더 나아가 공공자 전거 유료대여를 통해 지속적인 수익 창출도 가능한 스마트시티 서비스 모델을 창출해야 한다고 밝혔다. 자전거 대여라는 단순 한 서비스 차원에 그칠 것이 아니라 시민들의 공감을 얻어내는 쌍방향 소통을 이뤄내야 인프라 3.0 시대에 맞는 도시 모형이라 는 것이다. 이는 단순한 건설 토목공사를 넘어 ICT(Information & Communication Technology)와 법, 제도 등을 도시에 잘 결합시켜야만 고객(시민) 수요를 충족시킬 수 있다는 뜻이다.

특히 중국, 인도 등 신흥국들은 급속한 도시화로 인해 주택, 교통, 공해, 에너지 등 도시에서 생겨나는 문제가 증가하고 있다. 이런 신흥국들의 급격한 도시화는 실업, 범죄, 교통난, 에너지 부족 등 다양한 도시문제를 발생시키고 있다. 이런 문제들을 해결할 수 있는 수단이 바로 스마트시티 구축이다. 과거 도시들은 대규모 인적 및 물리적인 자원 투입을 통해 도시문제를 해결했지만 스마트시티 같은 경우 자원의 효율적 활용을 통해 도시문제를 해결할 수 있기 때문이다.

또 다른 예로 도시의 극심한 교통 체증 문제를 보자. 현재는 도로시설 확충 사업을 통해 도시기반시설을 확대하고 있지만 스마트시티의 경우 최첨단 IT를 이용한 우회로 안내를 통해 미래지향적 최첨단 도시로 발전할 수 있다. 스마트시티 모델을 발전시키면 교통, 공공행정뿐만 아니라 에너지, 수자원, 재난·재해 등 축적된 데이터를 활용해 새로운 경제적인 가치의 창출도 가능하다고 전문가들은 분석한다.

우리나라 또한 스마트시티 구축 작업을 벌이고 있다. 이미 2000년대 중반부터 스마트시티 개념의 유시티(U-City) 프로젝트를 진행 중이다. 삶의 품질을 높이는 차원에서 맞춤형 도시로 거듭난 인천 송도는 스마트시티의 대표적인 예라고 할 수 있다.

그러나 부동산 경기 침체, 수요자 중심의 사업모델 부재 등으로 기업 및 국민들의 관심이 저조해 지속적인 운영이 어려운 실정이다. 또한 스마트시티 사업 수행 과정에 있어 선택과 집중을 통한 사업모델 개발이 필요하고 최소한의 비용으로 최대한의 효율을 낼 수 있는 해외진출 또한 모색할 필요가 있다.

UN은 전 세계 인구가 2009년 69억 3,000만 명에서 2050년 91억 5,000만 명으로 증가할 것으로 예상하고 있다. 이 중 도시 인구는 2009년 34억 2,000만 명에서 2050년에는 62억 9,000만 명

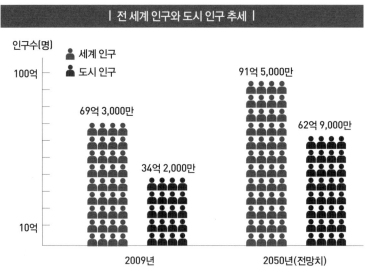

| 전 세계 인구와 도시 인구 추세 |

인구수(명)
세계 인구
도시 인구
100억
69억 3,000만
91억 5,000만
62억 9,000만
34억 2,000만
10억
2009년
2050년(전망치)

자료: UN(2010)

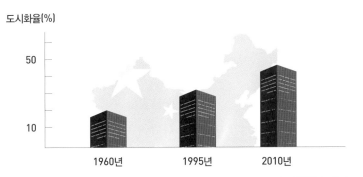

| 중국의 급속한 도시화율 |

도시화율(%)

50

10

1960년   1995년   2010년

자료: SERI China Review

으로 28억 7,000만 명이 도시로 유입될 것으로 전망했다. 급격한 인구 증가에 도시화가 급속도로 진행된다는 것이다.

이미 전 세계 주요 IT 기업들은 스마트시티 진출에 박차를 가하고 있다. 일찌감치 스마트시티 분야에 진출한 IBM과 시스코는 '지도자그룹'을 형성하며 치열하게 경쟁하고 있는 추세이다. 시스코는 중국, 인도, 중동 등 인구 100만 이상이 거주하는 메가시티를 스마트시티로 구축하는 내용의 '밀리언 프로젝트(Million Project)'를 발표했고 일본의 도시바도 앞다투어 인도 기업들과 제휴를 맺고 델리 부근 공업단지 인프라 정비에 참여하고 있다. 특히 스마트폰의 대중화로 스마트시티가 선진국뿐만 아니라 개도국까지 확산되고 있는 추세다.

국가별 스마트시티 추진 현황을 살펴보면 미국은 전력망을 디지털화하는 스마트그리드(Smart Grid)를 추진 중에 있고 일본은 차세대 에너지 개발을 위한 시범지역을 선정하고 연구를 진행 중이다. 특히 일본은 2011년 발생한 동일본 대지진과 후쿠시마 원전 사고로 국가적 에너지안보 위기에 놓이며 파괴된 동북 지역 도시들을 스마트시티로 재건하는 데 힘을 쏟고 있다. 중국에서는 급속한 도시화로 인해 스마트시티와 같은 첨단 도시건설 분야에 막대한 수요가 창출되고 있다. 중국의 도시화율은 1960년 19.8%에서 1995년 29%, 2010년 49.7%로 절반에 가까운 인구가 도시에 거주하고 있다. 중국 정부는 도시의 혼잡을 예방하는 차원에서 기존 도시를 확장하기보다는 신도시 건설을 선호하고 있다. 따라서 중국의 신도시 건설 사업에는 외국계 기업의 투자와 기술 제공, 운영관리 시스템 등이 필요해 새로운 시장과 해외사업 진출의 기회로 자리 잡고 있다.

Chapter 02

모디의 꿈,
100개 스마트시티

2014년 총선에서 승리한 나렌드라 모디(Narendra Modi) 인도 총리의 핵심 공약 중 하나는 '100개 스마트시티 구축'이다. 모디 총리는 급격히 진행되고 있는 인도의 도시화 문제 해법으로 스마트시티 어젠다를 던진 것이다. 2020년까지 천문학적 예산을 쏟아부어 스마트시티를 만들겠다는 모디 총리의 구상은 이미 구체화되고 있으며 시스코, IBM, 지멘스 등 글로벌 IT 기업들의 각축장이 되고 있다.

1인당 국민소득 1,400달러에 불과한 인도가 선진국에서도 이제 막 시작하는 스마트시티를 그것도 100개나 만들겠다고 나선 것은 그만큼 도시화가 빠르게 진행되고 있기 때문이다. 이대로 그냥 놔둘 경우 난개발과 환경 파괴, 슬럼화 등으로 인도 전체가 몸살을 앓을 수 있다는 절박함에서 나온 공약으로 풀이된다. 신도시 몇 개를 만든다고 해결될 문제가 아니라고 판단한 것이다.

이정욱 한국토지주택공사(LH) 해외도시개발지원센터장은 "뉴델리에 가보면 도시 외곽으로 초고층 건물이 무계획적으로 들어서고 있다. 늘어나는 도시 인구를 수용하기 위한 임시방편이다. 덩그러니 아파트만 있고 주변에 도로, 병원, 학교 등 기초 인프라도 없는 전형적인 난개발 사례다"라고 말했다.

파이크 리서치(Pike Research) 통계에 따르면 인도의 도시 인구는 2억 3,000만 명이 되는 데 40년이 걸렸지만 5억 명이 되는 데에는 절반인 20년밖에 걸리지 않을 전망이다. UN 통계에 따르면 2014년 말 기준으로 인도 도시 인구는 4억 1,000만 명(전체 인구 대비 32%)이다. UN은 인도 도시 인구가 2050년이 되면 8억 1,000만 명으로 전체 인구의 50%를 넘어설 것으로 예측했다. 급격한 도시화에 맞서 모디 정부는 2015년 스마트시티 예산으로 710억 루피(약 1조 2,000억 원)를 배정했다.

인도는 서쪽으로는 델리-뭄바이 산업회랑(Delhi-Mumbai Industrial Corridor), 동쪽으로는 비작-첸나이 산업회랑(Vizag-Chennai Industrial Corridor)을 중심으로 인구 규모에 따라 다양한 스마트시티를 조성할 것으로 보인다.[2] 특히 해외 각국 정부와

2

자세한 내용은 이 책의 파트 4 참고.

인도가 만들고 있는 코치 지역의 스마트시티 조감도

기업들은 인구 100만 명 이하로 새로 조성될 콤팩트한 스마트시티를 타깃으로 삼고 있는 것으로 전해졌다. 기존 대도시에 첨단 IT를 접목시키는 작업보다 새로 신도시를 만들고 여기에 IT를 접목시키는 일이 부가가치가 훨씬 높기 때문이다. 제대로 된 스마트시티 모델을 만들어 놓을 경우 인도뿐만 아니라 아시아 신흥국과 중남미, 아프리카 등 향후 스마트시티 수요가 늘 것으로 전망되는 시장 진출에 유리하게 작용할 것으로 보인다.

이와 관련해 인도 정부는 2015년 초 미국과 3개 스마트시티 개발 협력에 합의했다. 2014년 모디 총리의 미국 방문 때 양국 정상 간 논의된 사항을 2015년 1월 오바마 대통령의 인도 방문을 맞아 양해각서(MOU)를 체결한 것이다. 독일과 스페인은 2015년 1월과 2월 각각 인도 정부와 스마트시티 개발에 협력하기로 합의했으며 일본, 싱가포르, 프랑스 등도 정부 및 민간 차원에서 인도 스마트시티 개발에 지속적인 관심을 보이고 있는 상황이다.

대한민국은 세계 어느 나라보다 빨리 산업화와 도시화를 이뤘다. 특히 전체 인구 중 80% 이상이 도시에 살 정도로 도시화가 빠르게 진행됐다. 전쟁의 잿더미 속에서 무난하게 도시화에 성공할 수 있었던 것은 체계적인 신도시 정책이 주효했던 것으로 평가받고 있다.

실제로 수도권에 인구가 집중되자 대한민국 정부는 신도시를 만들기 시작했다. 분당, 일산, 평촌, 동탄, 광교, 김포 등 1~2기 신도시와 세종시, 10개 지방혁신도시 등은 전 세계에서 유래를 찾아보기 어려운 성공적인 사례로 알려져 많은 아시아와 중남미 개발도상국에서 벤치마킹 대상으로 삼고 있다.

LH가 신도시 계획을 만들어 토지를 수용하고 보상하는 작업을 맡고 그 측량은 지적공사(LX)에서 수행한다. 이때 보상비 기준이 되는 토지 감정은 감정원에서 맡아서 처리하고 신도시와 연결되는 지선·간선도로는 도로공사가, 철도는 코레일이, 전력망은 한국전력이, 상하수도는 수자원공사가 책임지고 구축하게 된다. 인프라 관련 공기업들이 수십 개 신도시를 만들어 본 경험은 우리나라 도시 수출 경쟁력이 세계 최고 수준임을 증명하고 있다.

신도시를 성공적으로 만든 경험뿐만 아니라 스마트시티의 기본이 되는 IT 역량도 세계 최고 수준이다. 웹트래픽 전문 업체 아카마이(Akamai)에 따르면 한국은 인터넷 접속 속도, 도입률 및 모바일 연결성 부분에서 2014년 기준 세계 1위에 올랐다. 비록 사물인터넷 부분에서는 시스코, IBM, 지멘스 등에 뒤지고 있지만 기술 수준 차이는 거의 없는 것으로 알려졌다.

대중교통 환승 시스템을 보면 알 수 있다. 우리나라 대중교통 환승 체계는 다른 어떤 나라보다 선진적이며 편리하다. 이 시스템은 LG CNS에서 개발해 뉴질랜드, 말레이시아, 콜롬비아 등으로 수출하고 있다. 스마트폰 앱으로 지하철과 버스 출발, 도착을 실시간으로 알 수 있는 것도 우리가 스마트시티를 선도할 수 있는 IT 역량을 갖추고 있다는 반증이다.

인도에서 적게는 1~2개 많게는 10개 안팎의 스마트시티 사업권을 가져온다면 스마트시티는 미래 대한민국 대표 수출 상품이 될 수도 있다. 게다가 스마트시티는 해외에서 양질의 일자리도 많이 만들어낼 수 있다. 교육과 훈련은 물론 운영, 유지, 보수 등을 위해 IT에 익숙한 우리 젊은 청년들을 활용할 경우 청년취업 문제 해결의 돌파구 마련도 가능할 것이다.

Chapter 03

홍콩의 꿈,
아시아 슈퍼커넥터

'향기로운 항구'라는 이름을 갖고 있는 홍콩(香港). 인구 720만 명의 대도시로 '아시아 무역의 심장'이라는 예사롭지 않은 별명 또한 갖고 있다. 과거 영국령으로 서양의 문화와 동양의 전통이 잘 뒤섞인 지역이기도 하다. 1인당 국민소득이 3만 달러를 넘는 부자 도시로도 유명하다.

그러나 이처럼 기름진 땅인 홍콩도 애초부터 최고의 지리적 조건을 인정받았던 것은 아니다. 1842년 영국과 청(淸)나라 사이에 홍콩 섬의 영구 할양(割讓)을 인정하는 난징조약(南京條約)이 체결되는데, 당시 영국 의회에서는 홍콩을 '발전성이 없는 곳'이라고 보고 포기하자는 논쟁이 벌어지기도 했다.

그러던 홍콩의 경제가 급속도로 성장하게 된 계기는 철도의 발전이었다. 1905년 홍콩의 주룽과 중국 본토 내륙 도시인 광저우를 잇는 철도가 개통되자 물자가 모이는 장소로서 홍콩이 주목받게 된 것이다. 1861년에 약 12만 명이었던 홍콩의 인구는 1939년 160만 명에 이르게 됐다. 홍콩 성장의 배경에는 이처럼 철도라는 인프라가 뿌리 깊게 자리 잡고 있다.

홍콩은 개항 이후 지금껏 인프라 개발에 열을 올려 왔다. 세계경제포럼(WEF)이 2009년부터 2015년까지 7년 연속 전 세계에서 '넘버 원' 인프라 도시로 꼽은 곳이기도 하다. 2009년부터 2014년까지 30조 원이 넘는 돈이 홍콩 인프라 시장에 투자됐을 정도다.

그런데 이런 전 세계 인프라 챔피언인 홍콩이 최근 인프라 개발에 다시금 속도를 높이고 있다. 홍콩의 최근 인프라 개발 상황을 훑어보면 가히 '도시 대개조'를 모색하고 있다고 봐도 괜찮을 정도다.

| 글로벌 인프라 1위 홍콩도 끊임없는 혁신 중 |

광저우 50분 내 연결 고속철도 추진 중

샤틴-센트럴 고속철도 연결 (2018년 완공 예정)

투엔먼-첵랍콕 공항 연결 대교 (2018년 완공 예정)

하수처리시설 확장(완료)

코우룬 이스트 항만 개보수 추진 중

첵랍콕공항 확장 (2030년 완공 예정)

센트럴 항만 개보수 추진 중

센트럴-완차이 차량 바이패스(2018년 완공 예정)

홍콩-주하이-마카오 연결 대교 (2016년 완공 예정)

홍콩 MTR (2015년 완공 예정)

홍콩의 상징적인 인프라 프로젝트는 서쪽으로 마카오를 연결하는 대교 공사다. 다리 길이만 29.6㎞에 달하는 대형 토목 프로젝트로 총 공사 비용은 약 13조 원. 공사 기간만 3년이 들었고 10만 명의 인부가 투입됐다. 부풀려 말하기를 좋아하는 중국인들은 이 다리 건설 공사를 "자금성 공사 이래 단일 목적으로는 중국 최대 규모의 토목공사"라고 일컫는다. 2016년 이 공사가 끝나면 홍콩에서 마카오까지 차량으로 30분 정도에 도착할 수 있게 된다.

홍콩-마카오 대교의 완성은 홍콩과 마카오라는 양대 관광 거점을 잇는다는 의미를 넘어 한 차원 높은 경제적 함의를 지닌다. 중국에서 네 번째로 긴 강인 주장 강 남부 삼각주가 연결되면서 선전-주하이 등 산업단지끼리의 물류가 활성화된다는 점이다.

중국은 개혁개방 초기인 1980년대에 선전(홍콩과 인접), 주하이(마카오와 인접) 등에 자동차 산업을 대대적으로 유치했다. 그러나 두 지역 사이는 주장 강 삼각주가 가로막고 있어 물류가 불편했다. 육로로 가려면 광저우까지 돌아서 가야만 하는 형편이었다.

하지만 이 다리가 개통되면 막혔던 물류가 뚫리게 된다. 홍콩 행정부는 주장 강 삼각주 지역의 지역내총생산(GRDP)이 600억

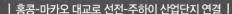

| 홍콩-마카오 대교로 선전-주하이 산업단지 연결 |

~1,000억 위안이 늘어나는 효과가 기대된다고 밝히고 있다. 중국 공산당과 홍콩 시 당국이 13조 원을 들여서 대대적 토목공사를 결정한 것도 관광 수요뿐만 아니라 막대한 제조업 물류 수요를 감안했기 때문이다.

홍콩의 인프라 대변신은 대교 공사 외에도 다수 찾아볼 수 있다. 세계 일류 공항으로 꼽히는 홍콩국제공항(첵랍콕공항)은 2030년까지 확장을 통해 연간 1억 230만 명의 승객을 수용하겠다고 선언했다. 참고로 2014년 한 해 우리나라 전체 공항의 연간 이용객 수는 6,000만 명이다. 여객터미널 1개와 화물터미널 2개,

활주로 2개를 갖추고 있지만 활주로를 하나 더 건설하고 터미널도 추가로 건립하겠다는 계획을 내놓았다. 요키 야우 홍콩 공항 항공국 홍보팀장은 현지 언론과의 인터뷰를 통해 "1998년 이후 2012년까지 약 98%의 성장 추세를 보이고 있고 급격한 항공수요 증가 현상이 발생하고 있다"며 "현재 장기 공항발전전략을 추진하고 있다"고 말했다.

| 홍콩까지 연결되는 중국 고속철도 |

베이징 ◉

기존 베이징-광저우 고속철

정저우 ○

우한 ○

창사 ○

광저우남역

선전북역

서주룽역

홍콩

광저우 ○━○ 선전

홍콩

신설 광저우-홍콩 고속철

철도 인프라 개발 계획도 홍콩을 급격하게 바꿔놓을 것으로 예상된다. 2012년 중국 국민소득의 9.3%를 생산한 주장 삼각주에 고속철도를 놓아 광저우~선전~홍콩을 연결하는 계획이 진행 중이다. 2017년 완공을 목표로 하는 이 철도가 개통되면 주장 삼각주 내 물류교통이 획기적으로 개선될 전망이다. 광저우에서 홍콩까지 50분이면 도착한다. 이 모든 사업들은 광저우, 선전, 홍콩, 마카오를 단일 경제권으로 만들려는 중국의 청사진 하에 이뤄지는 것이다.

인프라 3.0 개념의 발전도 이뤄지고 있다. 중국 정부는 2012년부터 선전 주민들에게 스마트카드를 발급해 홍콩 무비자 입국을 허용했다. 최근에는 선전을 외환시범특구로 지정해 홍콩과의 위안화 통합을 추진하고 있다. 또 2015년 하반기부터는 선전 증시와 홍콩 증시 교차 투자를 허용하는 선강퉁(深港通)도 시행한다.

이미 홍콩은 인프라 챔피언이다. 하지만 향후 5년 동안 홍콩 행정부는 90억 달러(약 10조 원)의 자금을 인프라에 매년 쏟아붓겠다고 선언했다. 홍콩이 이처럼 전 영토의 인프라 개발을 위해 열을 올리고 있다는 사실은 도대체 무엇을 의미하는가.

그 해답은 홍콩 행정부의 수반인 렁춘잉(행정장관)의 발언에서 찾아볼 수 있다. 그는 2015년 1월 19일 아시아파이낸셜포럼(AFF)에 참석한 자리에서 "홍콩은 중국 본토와 다른 나라들을 잇는 '슈퍼커넥터'가 될 수 있다"고 말했다. 그가 말하는 슈퍼커넥터는 단순한 물류 연결만을 의미하는 것이 아니라 무역, 금융, 관광 등 모든 영역에 있어서 홍콩이 연결자 역할을 함으로써 경제적 과실을 가져가겠다는 의미로 받아들여진다.

사실 홍콩에 인접해 있는 중국 본토 도시들의 발전 가능성은 인근 도시인 선전의 변화만 봐도 쉽게 읽을 수 있다. 선전은 1970년대까지만 해도 광둥성 바오안현에 속한 인구 2만의 작은 농어촌 마을이었다. 선전이라는 지명도 '깊은 논두렁(圳)'에서 유래됐다. 그러나 개혁개방 정책 이후 선전의 1인당 GRDP는 2만 2,000달러로 베이징, 상하이를 제쳐 버렸다. 지금 선전은 중국에서 소득 수준이 가장 높고 텐센트, 비야디, 화웨이 등 중국 대표 기업들의 본사가 밀집한 황금의 땅이다.

선전은 지난 1980년 8월 개최된 중국 제5기 전국인민대회 3차 회의에서 중국 '개혁개방의 총설계사' 덩샤오핑에 의해 주하이(珠海), 산토우(汕頭), 샤먼(廈門)과 함께 중국 4대 경제특구로 지정돼 외자 유치 첨병 역할을 담당했다. '흑묘백묘론'의 대표적 집행지가 바로 선전 특구였다. 1980년부터 1992년까지 선전 시의 GDP는 47% 성장했다. 당시 선전에서 건물을 지으면 사흘에 한 층씩 올라간다는, 이른바 '선전 속도'라는 말도 나왔다.

홍콩의 입장에서는 인근 지역의 급격한 개발에 의한 과실을 얻을 수 있는 방법을 모색할 필요가 있었다. 렁춘잉이 말한 '슈퍼커넥터'는 바로 이런 연결성을 의미한다. 그리고 슈퍼커넥터를 위한 전제조건이 바로 인프라 개발이다.

영국의 잡지 〈모노클〉은 이런 홍콩의 변화에 대해 다음과 같이 분석한다.

"홍콩 거리 어느 구석을 뒤져 봐도 이미 개발이 되지 않은 지역이 없다. 하지만 홍콩이 더욱 큰 그림을 갖고 인프라 개발을 통해 중국 본토와의 연결성을 강화하려고 하는 것은 과거 1980년대 이후 홍콩이 법인세 인하와 규제개혁을 통해 경제를 성장시켰던 것과 유사한 몸부림이다. 35년 전에 그랬듯 홍콩은 도시의 경쟁력을 강화시키기 위한 꿈을 꾸고 있다."

홍콩에게 인프라 개발은 점차 커지고 있는 중국 내륙 도시들로부터 발생할 경제적 이익을 취하기 위한 선제적 투자다. 이미 도시에 거주하고 있는 시민들의 편리함을 위한 것이 아니다. 홍콩에는 아시아 중심지로 부상하겠다는 확고한 꿈이 있다. 그리고 홍콩은 인프라를 통해 그 꿈을 실현시키려 하고 있다.

경제 성장 해법,
인프라

2014년 9월, 국제통화기금(IMF)은 〈지금이 인프라에 투자할 적기(*The Time is Right for Infrastructure Push*)〉라는 보고서를 내놓았다. 40페이지에 걸쳐 '왜 지금 전 세계 각국들이 함께 인프라 투자를 늘려야 하는가'에 대한 분석을 펼쳐 나간 이 보고서는 다음과 같은 단순한 한 문장으로 모든 설명을 종결지어 버린다.

"인프라에 1달러를 투자하면 약 3달러의 국민소득이 증가한다."

1997년 외환위기 당시 대한민국에 취했던 IMF의 행동을 기억한다면, 정부에게 인프라 투자를 확대하기 위한 과감한 재정 지출을 요구하는 이런 IMF의 충고는 상전벽해와도 같은 변화일 수 있다. 실제로 IMF는 2013년까지만 해도 각국을 상대로 "부채비율과 재정적자비율을 줄여야 한다"고 부르짖던 기관이다. 2008년 금융위기 이후 일관되게 통화 및 재정 확장을 주장했던 폴 크

루그먼 같은 이들은 IMF를 주된 공격의 대상으로 삼았다.

그러나 IMF의 '변심'이 용서되는 이유는 인프라 투자가 3배의 투자수익을 가져다주는 효자 상품이기 때문이다. 돈이 넘쳐나고

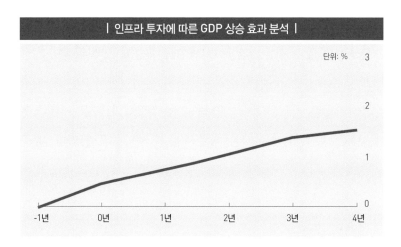

| 인프라 투자에 따른 GDP 상승 효과 분석 |

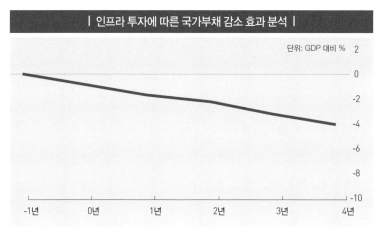

| 인프라 투자에 따른 국가부채 감소 효과 분석 |

있고, 수익률이 높은 투자처가 있는데 투자를 하지 않는 것이 오히려 이상한 일이다. 여기에 IMF는 실업률이 높고 시중 금리가 낮은 상황이라면 인프라에 투자하는 것이 증세 조치 등과 같은 다른 경제 정책에 비해 효과가 크다는 분석을 곁들였다.

IMF보다 앞서 미국의 인프라 개혁을 주장했던 래리 서머스 하버드대 교수는 이 분석을 본 뒤 영국의 경제일간지 〈파이낸셜타임스〉에 실은 기고문에서 다음과 같이 주장했다. "재정건전성을 맹신해 오던 IMF가 이제야 매우 중요한 깨달음을 얻었다. 공공 인프라 투자는 결국 국가 스스로를 위해 좋은 것이다. IMF의 이런 지혜를 따르는 국가는 이득을 얻을 것이다."

실제로 이 보고서 이후 주요국들은 인프라 개발을 지지하고 나섰다. 2015년 3월 10일 유럽연합(EU) 집행위원회가 발표한 인프라 투자 계획은 사람들의 눈과 귀를 번쩍 뜨이게 했다. EU 집행위원회는 유로존 경기 부흥을 위해 향후 4년간 3,150억 유로(약 380조 원) 규모의 투자기금을 조성하기로 했다고 발표했다. 집행위원회 구성원인 28개 EU 국가 재무장관들은 종합적인 투자 계획을 승인하고 구체적인 투자 방식은 물론 자금 조달 계획을 마련하는 데 합의했다. EU 집행위원회와 유럽투자은행(EIB)은 각국의 지원을 받아 210억 유로 규모의 기금을 조성한다는 구상이다. 독일과 프랑스, 스페인 등이 지원 의사를 밝히면서 기초적인 자금을 제공하는 역할을 맡았다. 이탈리아도 자국 프로젝트가 선정될 경우 80억 유로의 출자를 약속했다. 이후 추가적인 기금은 민자유치를 위해 설립한 유럽전략투자펀드(EFSI)를 통해 3,150억 유로까지 15배 가까이 늘린다는 계획이다. 이렇게 모인 자금은 독일 프랑크푸르트공항 확장과 해저 광케이블 설치 등 1조 3,000억 유로 규모에 이르는 2,000건의 인프라 프로젝트들에 투입될 예정이다. 피에르 모스코비치 프랑스 재무장관 겸 EU 경제담당 집행위원은 "지난 2008년 글로벌 금융위기 이후 투자금이 15~20% 줄었다"며 "이번 계획은 유럽 경제의 취약점인 투자 부족을 타개하기 위한 것"이라고 설명했다.

유럽연합의 사례는 IMF 보고서 이후 발표된, 단일 규모로는 가장 큰 인프라 건설 계획이다. 그 이후 벌어지고 있는 인프라 계획 중 전 세계를 발칵 뒤집어 놓은 사건이 바로 중국 주도의 아시아인프라개발은행(AIIB)이라고 할 수 있다. 중국 입장에서는 자국의 넘쳐나는 외환보유고를 어떤 방식으로든 해외로 뽑아내야만 했다. 그렇지 않으면 위안화 절상압력 때문에 제조업의 가격경쟁력이 급격하게 떨어져서 자국 산업기반이 위태로워지는 한편 은행들의 부실 문제가 급격하게 대두될 수 있었다. 그러나

1980년대 이후 개혁개방 정책을 통해 벌어 온 막대한 국부를 함부로 해외에 낭비할 수는 없는 노릇이었다.

중국이 투자를 위해 세계지도를 펴 놓고 분석해 보니 지역적으로 봤을 때는 아시아가 가장 유망하고, 자산군(群)별로 보니 인프라 자산이 가장 유망했을 것이다. AIIB 설립 아이디어는 당연한 귀결이었던 셈이다. 신진욱 아시아개발은행(ADB) 이코노미스트는 "IMF나 세계은행 같은 브레턴우즈 체제의 산물들이 미국 중심으로 돌아가다 보니 중국이 아무리 막대한 자금을 갖고 지분 참여를 요구하여도 미국이 들어주지 않는 한계가 있었다"며 "AIIB는 중국의 아시아에 대한 지배권을 넓히는 계기가 되면서도 동시에 미국 중심의 글로벌 금융 질서에 대한 도전이라는 의미도 갖는다"고 분석했다. 그러나 중국이 미국에 대놓고 도전할 수는 없는 노릇이기 때문에 중국이 AIIB를 무기로 미국 중심 국제 금융 질서에 도전할 수 있었던 논리적 근거도 바로 "지금은 인프라에 투자할 시기"라는 IMF의 보고서 내용이었던 셈이다.

실제로 S&P가 2001~2008년 장기간을 놓고 분석해 보니 인프라 자산에서 나오는 배당수익률은 5.2%로 같은 기간 주식(4.3%), 채권(4.2%) 등에서 발생한 배당수익률 또는 표면금리에 비해 높은 것으로 나타났다. JP모건자산운용도 2010년 발간한 보고서를 통해 다양한 인프라 프로젝트 중에서 철도(8~12%), 파이프라인(5~8%), 통신(4~7%), 전력(4~7%) 등의 순서로 높은 배당수익률을 기록한 것으로 조사됐다고 밝혔다. 배당수익률이 이처럼 높다는 것은 레버리지효과를 잘 활용하면 프로젝트의 실제 투자수익률(IRR, 내부수익률)을 훨씬 높일 수 있다는 뜻이다. 김길홍 ADB 국장은 "이제까지 ADB가 마중물로 자금을 투입해 참여한 인프라 프로젝트 중에서 10% 아래의 내부수익률을 올린 프로젝트는 찾아보기 어려울 정도"라고 말했다.

이처럼 중국의 AIIB 계획이 장기적으로는 경제적 효과가 큰 자금 활용 계획이라는 것에는 국제사회에 이견이 없다. 영국 프랑스 등이 AIIB에 가입하겠다고 선언한 것도 중국 중심의 국제 금융 질서 재편에 대한 기대감이 반영된 탓이 크지만, 가장 근본적으로는 거부할 명분이 없었기 때문이다. 세계 경제의 성장엔진이 아시아에 있고, 특히 그 원동력이 인프라 시장이라는 점을 깨닫는다면 미국 중심의 국제 금융 질서에 머무를 실리(實利)는 없는 셈이다.

유럽연합은 물론 AIIB 출범을 통해 글로벌 금융시장의 이목이 이미 인프라시장에 쏠려 있는 마당이라 국내 금융시장도 인프라에 대한 관심이 필요한 시기다. 정상기 미래에셋맵스자산운용

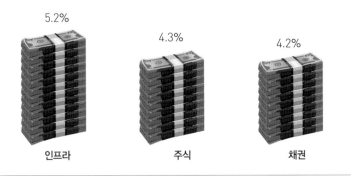

| 주요 자산들의 현금배당수익률 |

인프라 5.2% 주식 4.3% 채권 4.2%

연평균 수익률   자료: S&P(2001~2008)

사장은 "다른 자산들의 수익률이 떨어지면서 상대적으로 인프라 자산의 고정적인 현금배당 매력과 상대적으로 높은 수익률이 두드러져 보이는 시점"이라며 "사모펀드 등을 통한 대형 해외 인프라 프로젝트에 연기금, 보험사, 자산운용사 등의 관심이 필요하다"고 말했다.

 인프라는 기본적으로 토목과 건축 프로젝트들이기 때문에 고용창출 효과도 뛰어나다. 특히 한국이 해외 인프라 사업에 뛰어들었을 경우 거둘 수 있는 국내 고용창출 효과는 다른 어떤 산업들에 비해 높은 것으로 조사됐다.

가톨릭대학교 산학협력단이 2012년 국토교통부의 연구용역에 따라 제출한 보고서에 따르면 2010년 약 27조 6,000억 원에 달하는 해외건설 매출액 중에서 각종 기자재, 건설장비, 부품 등으로 창출되는 국내 매출액은 6조 6,000억 원인 것으로 파악됐다. 산학협력단은 이로 인해 창출되는 국내 고용은 약 7만 5,000명으로 분석했다. 매출액 10억 원당 11.4명의 고용이 창출된다는 얘기다. 다른 산업들과 비교해 보면 기계 및 장비 제조업은 같은 매출 10억 원을 생산하기 위해 3.5명을 고용하는 데 그쳤다. 정보통신(IT)서비스업은 6.8명의 고용을 만들어내는 수준이었다.

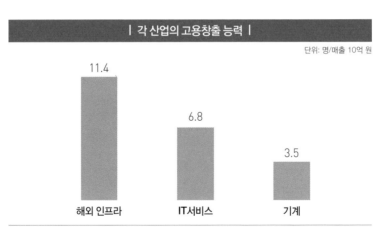

| 각 산업의 고용창출 능력 |

단위: 명/매출 10억 원

자료: 한국은행 등(2012)

산학협력단은 또 27조 6,000억 원의 해외건설 매출액 중 약 11%가량에 해당하는 2조 9,000억 원만큼의 부가가치가 국내에 생산된다고 밝혔다. 이 비율대로라면 우리나라가 해외 인프라 매출을 10조 원 늘릴 경우 국내 GDP는 0.07%포인트만큼 추가로 상승할 수 있다. 100조 원을 늘린다면 0.7%포인트가 추가로 올라간다. 3%대 성장에 머무르고 있는 대한민국의 입장에서는 4%, 5% 등으로 성장의 레벨 자체를 한 단계 끌어올릴 수 있는 계기가 될 수 있을 것으로 분석된다.

특히 한국은 해외건설을 통해 경제 성장의 모멘텀을 만들었던 경험이 있다. 1960년대 자금 부족으로 경제 성장을 꾀하기 어려웠던 대한민국이 적극적으로 외화를 벌어들일 수 있었던 일차적 자금줄은 해외건설 분야였다. 현대그룹이 1966년 캄란만 준설공사를 50만 달러에 따내자 삼환, 한양, 고려개발, 공영토건, 아주토건 등이 잇따라 베트남에 진출했다. 고(故) 박태준 포스코 명예회장에 대해 다룬 책《세계 최고의 철강인 박태준》에 따르면 1966~1967년 베트남 건설사업에서 벌어들인 외화는 모두 2억 360만 달러에 달하는데 이는 1964년 우리나라의 수출액(1억 1,910만 달러)의 2배에 가까운 금액이었다.

한국을 우뚝 서게 만든 원동력이었던 아시아 인프라 시장은 50년이 지난 지금 우리나라에 큰 기회요인을 제공해 주고 있는 셈이다.

"21세기 비즈니스는 21세기형 인프라스트럭처가 필요하다. 현대식 항구, 강한 다리, 빠른 기차와 가장 빠른 인터넷이 필요하다. 과거 미국 민주당과 공화당은 이 부분에 대해 동의해 왔다. 그러므로 우리의 시야를 단순한 원유 파이프라인 이상으로 올려 놓자. 연간 30배나 많은 일자리를 만들 수 있는 초당적인 인프라 스트럭처 법안을 통과시켜 이 국가를 향후 수십 년 동안 강하게 만들자."

2015년 1월 미국 버락 오바마 대통령의 신년 국정연설 중 일부분이다. 오바마 대통령이 이처럼 인프라에 대한 중요성을 강조하자 함성과 함께 우레와 같은 박수가 쏟아져 나왔다. 오바마 대통령의 메시지는 간결했다.

| 버락 오바마 대통령의 신년 국정연설 모습 |

연설 도중 스크린에 '미국 인프라스트럭처: 우리가 다시 짓는다면 일자리가 만들어질 것이다(U.S. Infrastructure: if we rebuild it, jobs will come)'라는 내용이 나왔다. 미국 핵심 도로 중 65%가 상태가 좋지 않고, 미국 다리 중 24%는 수리를 받아야 하는 상황이고, 미국 국민 중 45%는 환승 교통체계에 대한 접근이 열악하기 때문에 이러한 기존 인프라를 업그레이드한다면 일자리도 늘어나고 궁극적으로 미국을 강하게 만들 수 있다는 얘기였다. 한마디로 '인프라 경쟁력이 곧 국가 경쟁력'이라는 인식을 갖고 인프라 구축을 국가 경제 발전의 핵심 동력으로 삼고 있다.

세계 1위 경제대국인 미국조차 일자리 창출과 경제 성장을 위해 인프라 사업을 강조하고 있을 정도로 인프라 구축은 비단 신흥국들에게 국한된 것은 아니다. 아시아 선진국들도 대대적인 기존 인프라 업그레이드를 통해 국민의 삶의 질을 높이겠다는 구상을 밝히고 있다.

가장 대표적인 사례로는 싱가포르가 꼽힌다. 1인당 국민소득 5만 달러 수준인 싱가포르는 스마트국가를 건설하겠다며 '스마트 네이션 플랫폼(SNP, Smart Nation Platform)'을 구축하고 있다. SNP는 접속(Connect), 수집(Collect), 이해(Comprehend) 등

3대 부문에 대한 기술 개발을 핵심으로 한 주요 도심의 센서, 네트워크 등 스마트시티 구현을 위한 인프라를 의미한다. 도시 국가라는 특성을 살려 선진 디지털 인프라를 구축해 신속하게 스마트시티를 구현해 궁극적으로 세계에서 가장 빨리 스마트국가를 완성하겠다는 청사진이다.

이에 비해 향후 5년 국정 계획이 담긴 박근혜 대통령의 2013년 취임사에는 인프라에 대한 중요성을 강조하는 내용을 찾아보기 어렵다. 2013년 2월 취임사에서 박 대통령은 "경제부흥과 국민행복, 문화융성을 이뤄낼 것"이라며 "제2의 한강의 기적을 만드는 위대한 도전에 나서고자 한다"고 밝혔지만 대대적인 인프라 확충에 대한 언급은 없었다. 경제부흥을 이루기 위해 창조경제와 경제민주화를 추진해 가겠다는 데 초점이 맞춰졌다. 다만 박 대통령은 지난 2014년 신년 기자회견에선 "앞으로 통일시대를 열어가기 위해 DMZ 세계평화공원을 건설해 불신과 대결의 장벽을 허물고 유라시아 철도를 연결하겠다"고 밝힌 바 있다.

"국내 기업과 금융의
아시아 진출을 확대해야 한다."

전 세계는 인프라 개발을 '경제 성장 모멘텀'으로 바라보고 있다. 미국, 유럽, 중국, 일본이 그런 시선으로 인프라를 보고 있고, 수천 조 원의 자금을 투입할 준비태세를 갖추고 있다. 한국은 이 시장에 어떻게 올라타야 할까. 주형환 기획재정부 차관은 "국내 금융을 개혁하고 협력을 강화하며 국내 기업들의 해외진출, 특히 아시아 시장 개척을 확대하는 방향으로 나아가야 한다"고 주장했다.

| 아시아 인프라 시장에 살 길이 있다 |

주 차관은 "전통적인 한국의 건설시장인 중동이 유가 하락 지속으로 위험요인이 상승하고 있다는 것을 눈여겨봐야 한다"고 말했다. 유가가 떨어지면 산유국들은 손해를 보게 돼 있다. 그러나 역으로 말하면 석유 수입국들은 이득을 본다.

아시아, 특히 개발이 한창 진행 중인 동남아시아 국가들은 대표적인 석유 수입국들이다. 말레이시아나 인도네시아 등은 국민들이 석유를 쓸 때 정부 재정으로 보조금을 지급하기 때문에 유가 하락이 재정안정화에도 큰 도움을 준다.

주 차관은 "이는 곧 각국 정부의 인프라 투자 여력이 올라간다는 것을 의미한다"고 설명했다. 유가 하락이라는 변수를 생각해 보면 대한민국이 중동 일변도의 해외건설을 지양하고 아시아를 향해 눈을 돌릴 이유가 분명해진다.

한편, 아시아개발은행(ADB)에 따르면 유가 하락이 지속될 경우 2015년 연간 기준으로 중국은 0.7%포인트, 동남아시아는 0.6%포인트가량 GDP 상승요인이 발생한다.

| 피아(彼我) 구분 말고 협력해야 |

주형환 차관은 역내국인 일본, 중국, 호주 등과 실리적으로 접근하여 협력 관계를 구축해야 해외 인프라 시장에서 한국이 과실을 따 낼 수 있을 것이라고 주장했다. 예를 들면 호주는 우리나라 입장에서 해외 인프라 개척에 중요한 파트너가 될 수 있다. 맥쿼리증권이라는 굴지의 인프라 금융전문 투자회사를 키워 낸 호주는 각종 인프라 사업을 발굴하고 사업구조를 짠 뒤 실제 투자자금을 모아서 수익을 창출해 낸 수많은 경험과 노하우를 갖고 있다. 이를 잘 활용한다면 한국이 아시아 인프라 시장에서도 다른 어떤 나라 못지않은 실력 발휘를 할 수 있을 것이라는 주장이다.

| 국내 금융의 과감한 개혁과 투자 필요 |

해외 협력 못지않게 대한민국 내부적으로 필요한 것은 인프라 금융의 개혁과 혁신이다. 그는 "유·무상 원조에다 수출입은행의 수출금융, 무역보험, 연기금 그리고 민간자금까지 합친 해외 인프라 금융투자 모델이 나와야 한다"고 말했다.

민간이 해외 인프라에 과감하게 투자하지 못하는 이유는 높은 위험요인들 때문이다. 예를 들면 9조 6,000억 원짜리 태국 물사업 프로젝트의 경우 정권이 바뀌면서 사업권이 졸지에 날아가는 사건도 벌어졌다. 이런 마당에 국내 민간 금융기관들이 인프라 투자에 손쉽게 나서기란 쉽지 않다.

따라서 위험을 커버해 주는 보험상품이나 수출금융이 활성화되는 것이 급선무다. 이미 세계은행 산하에 MIGA라는 국제적 보험기구가 있지만 이곳을 활용할 경우 높은 보험요율 때문에 수익성을 못 맞추는 경우가 많다.

주형환 차관은 연기금에게도 인프라는 좋은 투자처가 될 수 있다고 강조했다. 기존의 주식, 채권, 부동산 투자의 수익률이 상대적으로 떨어진 연기금이 인프라에 투자한다면 고수익을 얻을 수 있으면서도 해당 국가의 경제 성장에 이바지하는 긍정적 효과도 노릴 수 있다. 주 차관은 "특히 인프라 투자는 짓는 비즈니스만 있는 것이 아니다"며 "기존 항만, 공항, 도로, 철도 등의 시설에 지분투자를 하는 것도 좋은 인프라 투자 중 하나다"라고 말했다.

ASIAN INFRASTRUCTURE

한따와디 보고서-
매일경제가 분석하는
한국 실패의 원인

Chapter 01

한국 정부의
지배 구조가 문제다

"처음엔 웃었지만 마지막에 울었다."

2014년 11월 29일 매일경제신문 6면의 윗제목이다. 불과 14개월 전만 해도 대한민국은 미얀마 한따와디 신공항 사업 우선협상대상자 지위 획득 소식에 환호성을 질렀다. 그러나 부지불식간에 11억 달러 규모의 대형 공항 사업권은 싱가포르와 일본 컨소시엄으로 넘어갔다. '빼앗겼다'는 표현이 맞을지도 모른다.

미얀마 현지에서 이 소식이 전해지자 대한민국 정부는 물론 컨소시엄에 참여했던 다수의 기업들이 참담함을 금치 못했다고 한다. 미얀마 신공항 사업은 인천공항의 경험을 해외에 그대로 이식하는 첫 작업이었다고 봐도 과언이 아니다. 또한 미얀마라는 황금의 땅에 한국의 존재감을 알리는 상징적 사업이었다. 이 실패의 경험은 한국이 뼈에 아로새길 필요가 있다. 대체 한따와

미얀마 국제공항 수주전에서 패배한 원인을 분석한 매일경제신문 기사

디 공항은 우리에게 어떤 의미였던가.

미얀마에서 낭보가 들려온 것은 2013년 8월 10일. 미얀마 정부가 발주한 11억 달러 규모의 제2 양곤(한따와디) 신공항 개발사업 우선협상대상자로 인천국제공항공사 컨소시엄(공사 외 금호산업, 한라건설, 롯데건설, 포스코ICT 등 참여)이 선정됐다는 소식이었다. 양곤공항이 김포공항이라면 한따와디공항은 인천공항 같은 개념이다. 미얀마 개방 후 상징적인 대형 프로젝트를 대한민국이 따냈다는 소식은 토요일 오전 많은 사람들에게 기쁨을 안겨 주기에 충분했다.

당시 보도자료에 따르면 인천공항공사는 2013년 말 미얀마 교통부 산하 민간항공청(DCA)과 최종 실시협서에 사인을 하고 이듬해 착공해 2018년 개항한다는 로드맵을 제시했다. 민자방식(BOT, Build-Operate-Transfer)으로 진행된 만큼 이 사업의 가장 큰 장점은 인천공항공사의 운영 노하우를 활용해 50년간 한따와디공항을 운영할 수 있다는 것이었다. 공항 운영에 필요한 인력, 장치, 장비, 제도 등도 자연스레 미얀마로 보낼 수 있는 절호의 기회였다. 11억 달러로 프로젝트 규모는 그렇게 큰 편은 아니었지만 미얀마 핵심 인프라 사업인 만큼 프로젝트 수주에 따른 전후방 효과는 쉽게 가늠하기 어려울 것으로 평가받았다.

의미 있는 프로젝트인 만큼 이명박 전 대통령과 박근혜 대통령도 프로젝트 수주를 위해 노력했다. 아웅산 테러 발생(1983년 10월 9일) 이후 30년 만인 2012년 5월 대한민국 국가 정상으로는 처음 미얀마를 방문한 이 전 대통령은 테인 셰인 대통령과 정상회담을 갖고 신공항 건설에 우리 기업 참여를 요청했다. 박 대통령도 2013년 5월 인천공항 환승 대기 중이던 테인 셰인 대통령에게 당시 서승환 국토부 장관을 보내 사업수주 협조를 요청하고 사업 타당성 조사를 위해 글로벌인프라펀드(GIF)를 지원하는 등 전폭적인 지원을 약속했다. 우선협상대상자로 선정된

직후인 10월에는 브루나이에서 열린 아세안(ASEAN)+3 정상회의에서 테인 셰인 대통령에게 직간접적으로 감사의 뜻을 전달하기도 했다.

우선협상대상자 선정 직후 코트라(KOTRA) 양곤 무역관에서 작성한 보고서에 따르면 국제공항서비스평가(ASQ) 8연패와 정부 차원의 전방위 지원, 인천공항의 성공적인 운영 노하우 등이 일본·싱가포르 컨소시엄을 누르는 데 주효했다. 양곤 무역관은 보고서에서 "전 세계 15개국 30개 컨소시엄이 입찰에 참가한 미얀마 대형 국책사업에서 시공 능력 및 운영 경험을 국제적으로 인정받아 우선협상자로 선정됐다는 점에서 의미가 더욱 크다"며 "공항 프로젝트와 연계해 발주가 예상되는 공항철도 및 고속도로 등의 사업에서도 한층 유리한 고지에서 활발히 참여할 것으로 기대된다"고 밝혔다.

하지만 최종적으로 한따와디공항 사업권은 일본으로 넘어갔다. 안타까운 소식은 2014년 11월 외신 보도를 통해 알려졌다. 당시 외신에 따르면 2014년 10월 29일 미얀마 정부는 일본·싱가포르 컨소시엄을 최종 사업자로 선정했다. 총사업비는 당초보다 늘어난 14억 5,000만 달러로 전해졌다. 일본 정부가 공적개발원조(ODA)를 5억 달러 이상 제공하기로 하면서 미얀마 정부가 일본 컨소시엄 손을 들어준 것으로 보도됐다.

한따와디 공항 수주전 패배는 사실 예고돼 있었다고 봐도 과언이 아니다. 2012년부터 추진되어 왔지만 기획재정부와 외교통상부 등 힘센 두 정부부처 사이의 갈등 사이에서 제대로 된 추진력을 받기 어려웠다는 분석이다. 익명을 요구한 한 국제금융기구 관계자는 "하노이 신공항 수주전이 한창이던 2006년에는 양 정부기관 사이의 다툼이 하도 심해서 원조자금 투입 결정이 결국 나오지 못했다"며 "이 때문에 당시 대한민국은 하노이 신공항 건설 사업권을 따기 어려운 상황이었다"고 증언했다.

공항이나 항만, 철도 등 아시아 인프라 수주전에는 대규모 원조자금이 투입되는 것이 필수적이다. 보통 원조자금이 먼저 마중물로 투입되고 그 위에 민간 투자자금이 얹어져서 수익을 가져가는 구조를 만든다. 그러나 한국의 원조자금은 양 갈래로 쪼개져 있다. 개발도상국에 자금을 지원하되 이자를 받지 않고 공짜로 제공하는 외교부 관할의 무상원조와 저리의 이자를 받고 제공하는 기재부 관할의 유상원조가 그것이다. 양자 중에서 누가 더 우월한지에 대해서는 논란이 많다. 그러나 중요한 것은 대한민국을 제외한 일본, 프랑스, 영국 등 해외에서는 원조자금을 인프라 수주의 밑거름으로 활용하고 있다는 사실이다. 그리고 한따와디공항 수주전 패배가 바로 원조자금의 경쟁력 부족에서 비롯됐다는 것은 대한민국이 뼈저리게 반성해야 할 대목이다.

"그러나 대한민국은 비전도 없고 전략도 없습니다. 미얀마 정부가 발주한 한따와디 신공항 개발 사업에 인천공항공사 컨소시엄이 우선협상대상자로 선정됐다가 일본과 싱가포르에 밀려 최종 탈락한 사례가 대표적입니다. 정상외교를 통한 지원까지 있었지만 민관협력이 부족하고 금융지원이 약해 다 잡은 물고기를 눈앞에서 놓치고 말았습니다."

- 제24차 국민보고대회 발표문 중에서

외교부와 기재부의 갈등은 감사원의 감사 대상이 되기도 했다. 2015년 3월 감사원이 밝힌 ODA 감사 결과는 적잖은 충격을 안겨 주었다. ODA 사업을 두고 부처 간 갈등이 심하다는 소문이 감사원 감사 결과 사실로 확인됐기 때문이다. 정부 부처 간 밥그릇 싸움으로 ODA 사업이 산으로 가고 있다는 사실에 해외사업을 하는 많은 기업인들은 깊은 한숨을 내쉬었다.

감사 결과를 구체적으로 살펴보면 우선 유상원조사업을 총괄하는 기획재정부와 무상원조사업을 추진하는 외교부 사이의 갈등이 심각한 수준이다. 감사원은 "기재부와 외교부가 사전 협의를 하지 않은 채 ODA 사업을 제각각 추진해 갈등을 빚는 등 국내외 신인도를 하락시키고 있다"며 "국무조정실에서 심의·조정한 내용을 기재부와 외교부에서 이행하지 않는 등 국무조정실의 조정 기능도 제대로 작동하지 않았다"고 지적했다.

감사원은 미얀마개발연구소(MDI, Myanmar Development Institute) 설립을 둘러싼 갈등을 대표적인 사례로 꼽았다. 미얀마에 한국의 한국개발연구원(KDI)과 같은 국책연구기관 설립을 지원해 주는 사업을 기재부와 외교부가 사전 협의 없이 미얀마를 각각 방문해 추진하자 국무조정실이 나서서 기재부가 수행하도록 정리했지만 외교부는 이를 무시하고 별도의 마스터플랜 수립 작업을 진행하고 있다.

국제회의 공식 석상에서 기재부와 외교부 참석자들이 말다툼을 벌인 사례도 적발됐다. 2012년 12월 경제협력개발기구(OECD) 개발원조위원회(DAC) 국제회의에서 유·무상 ODA 관계기관협의회 승인권한 유무를 두고 기재부와 외교부는 사전 협의되지 않은 문제를 제기하면서 말다툼까지 벌여 국가 신뢰에 적잖은 손상을 입혔다.

원조정책 관련 기재부와 외교부 사이에 이견이 있을 수는 있다. 문제는 조정기능이 제대로 작동하지 않는다는 데 있다. 형식상 양자 사이의 이견은 총리실에서 조정하도록 짜여져 있다. 2008년 정부는 유상과 무상원조기관의 이원화 문제 등을 해결하기 위해 '국제개발협력기본법'을 제정하고 '국제개발협력위원회'를 만들어 중복 사업을 방지하고 비효율적인 부분을 개선하려고 했다. 그러나 여전히 외교부의 강점과 기재부의 강점을 살리고, 상호 간 전략적인 연계를 통해 서로 윈윈(win-win)하는 구조는 만들지 못했다. 그리고 잠재되어 있던 문제가 곪아 터진 계기가 바로 한따와디공항 수주전이었다.

해외 인프라 개발에 정부의 손발이 맞지 않는 문제는 비단 원조 이슈에만 국한된 것은 아니다. 전반적인 지배 구조에 문제가 있다. 정부 경제부처의 국장급 관계자는 "한국의 경우 대외경제협력 등을 위한 정부조직으로는 총리실, 기획재정부, 외교부 등으로 구색은 갖춰져 있다"며 "하지만 정작 대외경제협력 업무에 늘 관심을 가지는 사람은 기껏해야 국장급 수준이다"라고 말했다. 장관급에서 해외 대형 인프라 수주전이나 경제협력 이슈를 챙기는 사람이 있어야 하는데 기획재정부 장관(부총리)은 금리, 실업 문제 해결, 세수 확보 등 경제 현안에 매달려 있어야 하고 외교부장관은 한일, 한중, 한미 관계 등에 골머리를 앓아야 하니 누구도 챙길 사람이 없다는 것이다.

그렇다고 해외 경제협력 이슈를 챙길 수 있는 기구가 없는 것도 아니다. 한 달에 두 번 꼴로 열리는 대외경제장관회의가 바로 그것. 형식상으로는 국무위원들이 대거 참여하고 경제부총리 주재 하에 자유무역협정(FTA)과 같은 중요한 국제경제협력 사항들을 결정하는 자리다. 그러나 시급한 결정이 필요한 해외 인프라 수주 관련 안건이 대외경제장관회의에 올라가기까지는 수많은 시일이 필요하다.

한 경제부처 국장급 인사는 "해외 개발도상국 입장에서는 한국의 일 처리가 매우 답답할 것이다"라고 토로했다. 도로를 건설하기 위해 한국의 도움을 요청하기 위해서는 국토교통부 장관을 만나야 하고, 수자원 처리 공사를 의뢰하려면 환경부 장관을 만나야 하는 등 인프라 관련 일처리가 일원화되어 있지 않기 때문이다. 당장 인프라 자금 지원을 위해 원조를 받으려 해도 그렇다. 외교부를 가야 할지 기재부를 방문해야 할지 헷갈릴 수밖에 없는 구조라는 얘기다. 그렇다고 대외경제장관회의에 개발도상국 인사들이 바로 찾아갈 수도 없다. 한마디로 공무원들의 숫자와 조직은 충분히 갖춰져 있음에도 불구하고, 해외 인프라 수주전 기회를 엿보고 정보를 꾸준하게 수집하며 사전에 치밀한 준비를 결정하는 정부 고위 책임자는 없다는 얘기다.

그렇다면 대안은 어디에서 찾을 수 있을까? 일부 공직자들은 대외경제장관을 신설하자는 주장을 펼친다. 여기에 대외원조를 통합시키고 해외 인프라 사업 수주를 위한 정보수집 및 마케팅 기능, 국내 금융기관 역량 등을 결집시키자는 주장이다.

실제로 캐나다, 독일, 영국은 독립된 원조기구를 만들어서 통

| 각국의 원조운용 정부 체계 |

독립된 기관 설치	캐나다(CIDA), 독일(KfW), 영국(DFID)
재무부, 외교부 공동 운영	일본(JICA), 프랑스(AFD)
외교부 통합 운영	스페인(AECID), 스위스(SDC), 미국(USAID)

합 운영하고 있다. 일본은 재무부와 외교부가 공동으로 운영하는 모델이긴 하지만 자이카(JICA)라는 단일 기관이 원조자금을 집행한다. 스페인, 스위스, 미국 등은 외교부를 중심으로 원조 창구가 일원화돼 있다. 이에 반해 우리나라는 일단 전 세계에 산재해 있는 인프라 개발 정보부터 취합돼 있지 못하다. 그리고 각국에 맞는 맞춤형 인프라 개발 지식을 개발하는 국내 대학도 부족하다. 한 경제관료는 "국립대만이라도 정부가 지정하여 지역별, 국가별 전문연구를 시킬 필요가 있다"고 말했다. 예를 들어 서울대는 아세안, 경북대는 인도 등으로 특화시켜 인프라뿐만 아니라 정치, 외교, 사회, 문화 등에 대한 전문적 연구를 진행할 필요가 있다는 것이다.

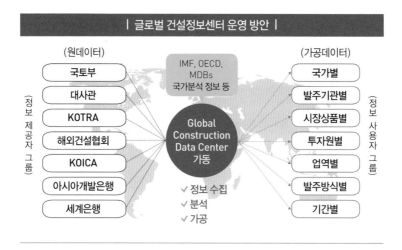

| 글로벌 건설정보센터 운영 방안 |

또한 지배 구조 일원화를 통해 한국이 해야 할 중요한 미션이 하나 있다. 아시아 각국에 인프라 건설을 할 수 있는 기능공 훈련 센터 설립을 지원하는 일이다. 훈련을 통해 배출된 기능공들이 많으면 많을수록 한국에게 유리하다. 한국의 건설표준을 아시아 각국에 알리고 그 우수성에 대한 홍보 효과를 기대할 수 있기 때문이다. 한국의 건설표준을 채택하는 국가가 많아질수록 한국 건설기업에게는 이익이 될 수밖에 없다. 훈련프로그램과 강사를 지원할 국내 기관들은 한국개발연구원(KDI) 등 다양하게 존재한다.

Chapter 02

보신주의에 빠진
한국 금융

한따와디공항의 실패는 대한민국 정부의 지배 구조 문제 외에
도 한국 금융의 취약점을 여실히 보여주고 있다. 당시 입찰 과정
을 잘 아는 관계자들에 따르면 다 잡았던 물고기를 놓친 결정적
인 요인은 공적개발원조(ODA)와 금융 등 자금 조달 문제에 있
었다. 우선 ODA의 경우 우리 정부가 제시한 금액은 일본 정부가
제시한 금액과 비교도 안 될 만큼 적었다. 미얀마는 중점협력국
에 포함되지도 않았기 때문에 ODA를 무작정 늘릴 수 없는 상황
이었다.

ODA라는 마중물이 부족한 상황에서 우리나라는 산업은행,
수출입은행, 무역보험공사를 통한 프로젝트파이낸싱(PF)으로
공항 건설비를 조달하기로 했다. 이 대목에서 문제가 발생했다.
돈을 빌려주는 은행들이 미얀마 정부의 지급보증을 계속 요구한

| 혁신 없는 금융은 백전백패 |

담보 요구 관행

단기 실적주의

국책은행·연기금이 앞장서야

것이다. 한 관계자는 "미얀마 정부는 PF 지급보증이라는 제도를 갖고 있지도 않았다. 제도도 없는데 계속 보증을 요구하니 ODA 카드를 꺼내 든 일본에 사업을 내주고 말았다"고 말했다. 넓게는 자금, 좁게는 금융 경쟁력에서 밀려 다 잡은 물고기를 놓치고 만 셈이다.

ODA 예산을 무한정 늘릴 수 없는 상황에서 한따와디 사례를 되풀이하지 않기 위해서는 결국 금융기관들도 어느 정도 리스크를 짊어질 수밖에 없다. 프로젝트가 망해도 은행만 살아남으면 된다는 접근 방식으로는 경쟁국을 이길 수 없다. 보다 창의적이고 적극적인 '금융 혁신'이 필요하다고 전문가들은 입을 모은다.

무엇보다 아시아 인프라 시장은 리스크를 분담하는 금융기관

협조 없이는 성공할 수 없는 구조라는 점을 정책당국자들과 금융기관 수장들이 깨달아야 한다. 중동 건설시장과 근본적으로 구조가 다르기 때문에 접근 방식도 달라야 한다. 인프라 수요가 급증하고 있는 아세안 개발도상국가의 경우 인프라를 구축할 수 있는 국가 재정이 턱없이 부족하다. 실제 수출입은행 통계에 따르면 2013년 말 기준 아세안 10개국 중 국내총생산(GDP) 대비 재정수지 흑자를 기록한 나라는 브루나이와 싱가포르 등 2개국 뿐이다. 라오스와 베트남의 재정적자 비율이 5.6%로 가장 높았고 말레이시아(4.6%)와 캄보디아(2.7%), 인도네시아(2.1%), 미얀마(1.6%) 등이 뒤를 이었다. 중동 산유국과 달리 대형 인프라 프로젝트에 민간(자금) 참여가 불가피한 이유다.

이 때문에 최근 해외건설 시장에서는 민간과 공공(정부)이 자금과 리스크를 분담하는 민관협력(PPP) 프로젝트가 늘고 있다. 세계은행(WB)에 따르면 2002년 446억 달러에 그쳤던 PPP 방식의 개도국 인프라 투자는 2012년 1,814억 달러로 급증했다.

상황이 이렇다 보니 2020년까지 아시아 인프라 투자에 필요한 8조 2,000억 달러 역시 대부분 민간에서 조달할 수밖에 없다. 아시아개발은행(ADB)에 따르면 WB, ADB 등 다재개발은행(MDB)에서 조달 가능한 자금은 5,000억 달러에 불과하다. 약 7조 달러가 부족하다.

건설업계 관계자는 "유가 하락이 장기화될 경우 중동 국가 발주 물량이 크게 감소할 수 있다"며 "아시아 인프라 시장 비중 확대를 고려하고 있는 건설사들은 도급형 전략에서 PPP 기반의 투자개발형 전략으로 방향을 바꿔야 한다"고 지적했다. 투자개발형 사업은 설계, 구매, 시공(EPC)뿐만 아니라 프로젝트 발굴부터 기획, 투자, 금융, 건설, 운영까지 전 과정을 책임지는 형태로 단순 도급공사보다 수익성은 높지만 투자 기간이 길다는 것이 단점이다. 이 때문에 국내 건설사의 해외건설 실적 중 투자개발형 비중은 2013년 기준으로 2%에 불과하다. 단순 도급 비중은 86%에 이른다. 정창구 해외건설협회 금융지원처장은 "투자개발형 프로젝트는 3~4년이면 끝나는 도급 사업과 달리 10년 이상 장기 사업이기 때문에 임기가 1~2년밖에 안 되는 건설사 사장(CEO)이나 임원이 추진하기 어렵다"며 "국내 금융회사들이 참여를 꺼리는 것도 사업 기간이 길기 때문"이라고 말했다.

이 때문에 수출입은행과 산업은행 등 국책 금융기관이 앞에서 끌어주고 시중은행과 국민연금, 한국투자공사(KIC) 등이 뒤에서 받쳐주는 국가적 파이낸싱 모델 마련이 필요하다는 지적이 많다. 국가적 파이낸싱 모델을 만들어 파일럿 프로젝트를 기획하고 발굴해 최종 수주하는 것까지 구체적인 성공 사례를 하나씩 만들어 가야 할 때다.

이와 관련해 2015년 2월 국토부는 KIC, 인천공항공사, 토지주택공사(LH), 글로벌인프라펀드운용사(KDB인프라운용, 신한BNP자산운용) 등과 해외 인프라사업 공동 진출을 위한 업무협약을 체결했다. 국토부의 타당성조사지원과 마스터플랜사업 등을 통해 발굴된 사업에 KIC가 투자하거나, KIC가 투자하는 사업에 인프라 관련 공공기관이 시설 운영사로 참여하는 등의 협력이 가능하다. 또 KIC의 투자 참여는 10년 이상으로 긴 투자 기간으로 투자자 모집에 어려운 인프라 투자 펀드 조성에 큰 도움이 될 것으로 기대를 모으고 있다. 국민연금도 아시아 인프라 투자 비중을 늘릴 예정인 것으로 알려졌다.

Chapter 03

빛 좋은 개살구,
한국 해외건설

요즘은 덜하지만 우리 경제가 힘들고 어려웠을 때 많은 국민들은 우리 기업들이 해외에서 큰 프로젝트를 수주했다는 소식을 들으면 가슴이 벅차오르고 잊고 있던 애국심이라는 단어를 다시 한 번 떠올리며 감격했다. 1970~1980년대 각 가정마다 일가친척 중 한 명쯤은 중동 건설현장에 나가 있을 정도였다. 사우디아라비아, 리비아 등 열사의 나라에서 모래바람을 맞으며 달러를 벌던 오빠, 삼촌, 아버지들은 어느새 황혼의 나이에 접어들어 후배들에게 현장을 물려주고 역사의 뒤안길로 물러났다.

우리나라 해외건설 역사는 1965년 11월 현대건설이 태국 파타니-나랏티왓 고속도로 프로젝트(540만 달러)를 수주하면서 시작했다. 국내에서는 경부고속도로가 1968년 2월 착공했으니 2년 3개월 앞서 해외에서 고속도로 공사를 시작한 셈이다. 현장을 진두지휘한 것은 당시 현대건설 사장이었던 고 정주영 현대그룹 명예회장이었다.

이렇게 시작한 우리 해외건설은 그동안 눈부신 성장세를 기록하며 외화 획득과 경제 발전에 혁혁한 공을 세웠다. 해외건설 수주 규모는 1998년 41억 달러에서 2014년 660억 달러까지 퀀텀 점프했으며 2015년 누적 금액 기준으로 7,000억 달러 돌파를 앞두고 있다. 명목 국내총생산(GDP) 대비 해외건설 수주액 비중은 1990년 2.4%에서 2013년 5.0%까지 치솟았다. 2014년 해외수주액 660억 달러는 반도체(626억 달러), 자동차(489억 달러), 석유화학제품(507억 달러)을 크게 앞지르며 전체 수출 품목 중 단연 1위를 기록할 정도로 국가 경제 기여도가 높다.

그러나 수주금액 기준으로 괄목할 만한 성장을 기록했지만 우리 해외건설은 그동안 안으로 곪고 있었다. '빛 좋은 개살구'라는 표현이 어울릴 정도로 많은 문제점을 안고 있다. 지역적으로는 중동에, 공종별로는 플랜트에, 유형별로는 단순도급사업에 치우쳐 있다 보니 국내 업체 간 과당경쟁이 저가수주로 이어져 2013년부터 업계 전체가 위기에 빠졌다.

위기는 곳곳에서 현실화되기 시작했다. 2013년 들어 일부 대형 건설사들이 해외 프로젝트 실적 악화로 대규모 적자를 공시하면서 해외건설 전반에 대한 우려가 확산되고 있다. 대표적인 곳이 삼성엔지니어링(삼성ENG)이다. 2008년 13억 달러였던 삼성ENG의 해외수주액은 2012년 105억 달러까지 급격히 늘었다. 하지만 이 회사는 2013년 1조 280억 원 영업 손실, 7,071억 원 당기순손실을 기록하며 어닝쇼크에 빠졌다. 설계 변경, 공기지연 등 이유도 거론되고 있지만 국내 업체 간 과도한 프로젝트 수주 경쟁 때문에 원가에도 못 미치는 가격으로 낙찰받은 것이 준공 시점에 부메랑이 되어 돌아온 것으로 알려졌다.

국내 업체 간 출혈 경쟁으로 저가수주를 하고 그 결과 준공 시점에 대규모 손실이 발생한 경우는 GS건설, 대림산업 등에서도

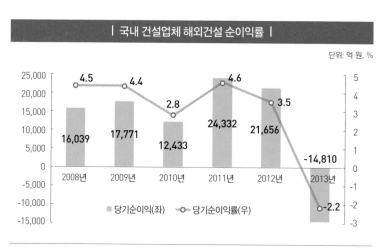

| 국내 건설업체 해외건설 순이익률 |

단위: 억 원, %

국내 6개 건설업체 대상 　　　　　　　　　　　　　　　　　　　　자료: 해외건설협회

발견됐다. 특히 대림산업은 2014년 실적 집계 결과 해외사업을 많이 하는 대형사 중 유일하게 영업적자(2,703억 원)를 기록했다. 중동 현장이 발목을 잡았다. 원가 상승 요인을 미리 감안하지 않고 공사비를 책정한 탓이다. 공사를 낙찰받는 데 우선순위를 두다 보니 잠재 리스크와 원가산정을 제대로 못했던 것이다.

저가수주 악몽은 아직도 끝나지 않았다. 아이엠투자증권에 따르면 현대건설, 삼성물산, 대우건설, GS건설, 대림산업, 삼성 ENG 등 국내 6대 대형 건설사가 2009~2011년 해외에서 수주한 저가 사업은 계약액 기준으로 37조 3,000억 원에 이른다. 2014년까지 손실이 대부분 반영됐지만 2015년 이후에 반영될 손실도 상당한 것으로 전해졌다.

문제는 중동 플랜트 시장에서 겪었던 아픔을 아시아 인프라 시장에서도 겪지 말라는 법이 없다는 것이다. 아시아 인프라 시장에서도 우리 기업들끼리 '제 살 깎아 먹기식' 수주 경쟁을 벌인다면 결과는 불 보듯 뻔하다. 한동안 수주금액은 고공행진하면서 잔칫상이 벌어지겠지만 프로젝트 준공 시점에 대규모 손실로 또 한 차례 홍역을 치를 것이다. 관련 기업 주가는 폭락하고 정부는 부랴부랴 대책을 발표하는 과정을 반복할 것이다. 이 같은 악순환의 고리를 아시아 인프라 시장에서는 반드시 끊어야 한다.

최근 우리 기업들이 출혈 경쟁을 자제하고 공동수주로 시너지를 노리고 있다는 점은 고무적인 현상이다. 공동수주는 리스크를 분산하고 업체 간 과당경쟁을 막아 저가수주로 인한 실적 악화를 방지하는 장점이 있다. 과거에는 우리 기업 간 컨소시엄이 프로젝트 수주에 별 도움이 되지 않았지만 최근에는 우리 건설업체 경쟁력이 높아져 한 팀으로 입찰에 들어갈 경우 시너지를 발휘해 프로젝트 수주에 큰 도움이 되는 것으로 전해졌다.

실제로 공동수주 바람은 2014년부터 본격적으로 불기 시작했다. 72억 달러 규모인 쿠웨이트 클린퓨얼 프로젝트 패키지는 GS건설과 SK건설이 컨소시엄을 구성해 공동수주하는 데 성공했다. 34억 달러 규모인 알제리 복합화력발전소 사업도 현대건설, GS건설, 대림산업 등이 공동으로 수주했다.

우리 기업들끼리 경쟁을 피하기 위해서는 보다 근본적으로는 공종 다변화가 절실하다. 선진 외국 건설사들과 달리 우리 건설사들은 해외에서 80% 가량 플랜트만 짓고 있다. 교량, 항만, 공항, 주택, 철도, 경기장, 공연장, 통신망, 상하수도 등 다양한 분야가 있지만 유독 플랜트에 치중하면서 제 살 깎아 먹는 경쟁을 벌이고 있는 것이다. 아시아 인프라 시장의 경우 플랜트 수요보다 전력, 교통, 통신 등의 수요가 많기 때문에 공종 다변화를 위해서라도 좋은 기회라고 할 수 있다.

저가수주 행태를 바로잡기 위해서는 건설사 최고경영자

(CEO) 업적 평가 체계도 바뀌어야 한다. 수주액을 기준으로 삼는 관행이 최근 2~3년간 무더기 적자 사태로 귀결됐다는 점을 감안해 수주액은 물론 사업성까지 종합적으로 따져 평가하는 방안 마련이 필요하다. 건설사 CEO 임기를 대폭 늘려주는 것도 한 방법이 될 수 있다. 1~2년 안에 성과를 보여주려다 보니 CEO들은 장기적인 기업 이익을 고려하지 않고 프로젝트 수주에 열을 올리게 된다. 본인 재임 중에 프로젝트 준공 후 최종 손익계산까지 이뤄질 경우 CEO들은 해외사업에 보다 신중하게 접근할 것이다.

Chapter 04

코리아 패키지로
V라인 구축

대한민국은 원조 규모에서 중국, 일본과 큰 차이가 난다. 국력(GDP)과 축적된 자본(외환보유고) 등에서부터 비교가 되지 않는다. 아시아 인프라 시장에 접근할 때 중국, 일본과 정면으로 맞부딪혀서 이기려 드는 것은 현실을 제대로 인식하지 못하는 어리석

┃ 한중일 경제 규모와 원조 규모 비교 ┃			
단위: 달러	한국	중국	일본
경제 규모(GDP)	1조 4,495억	10조 3,554억	4조 7,698억
국부(외환보유고)	3,624억	3조 8,430억	1조 2,611억
대외원조 규모(ODA)	18억	27억	106억

GDP는 2014년, 국부는 2015년 2월 말, 대외원조 규모는 2013년 기준   자료: OECD, UNDP

은 일이다. 철저히 차별화된 전략 그리고 선택과 집중이 필요하다.

이를 위해서는 내부 정비부터 해야 한다. 앞서 지적한 대한민국의 고질적인 문제들부터 해결해야 한다. 원조창구의 단일화를 이루지 못한 정부, 보신주의에 발목 잡힌 금융, 과당경쟁에 묻힌 기업 등 대한민국 내부에서조차 해외 인프라 개발에 대한 협업태세가 열악한 상황이다. 여기에 한 가지 더 부족한 것이 있다. 막상 해외에 나간다면 어느 곳을 집중적으로 공략해야 할지에 대한 민간이나 국가차원의 장기적 플랜이 없다는 점이다. 바로 '전략의 부재'다.

매일경제 국민보고대회 준비팀은 이 같은 현실 인식을 바탕으로 '코리아 패키지[3]'와 'V라인 구축' 전략 등 2가지 계획을 국가가 마련해야 한다고 제안했다. 창간 49주년을 맞아 2015년 3월 19일 서울 소공동 롯데호텔에서 개최한 '제24차 국민보고대회' 자리에서다. 이날 매일경제신문은 MBN, 아시아개발은행(ADB)과 공동으로 한국 경제 역동성 회복을 위한 전략을 담은 '원아시아 인프라 프로젝트 V'를 발표했다.

---

3 ....
단기간에 제조업과 신도시 인프라를 구축한 경험과 IT 역량 등 한국의 강점을 살리면서, 정부의 원조에다 민간자금을 합친 금융모델을 통해 민관공(民官公)이 함께 인프라 프로젝트들을 수주하는 전략을 말한다.

매일경제신문 창간 49주년 행사인 '제24차 국민보고대회'에 정·관·재계 오피니언 리더 400여 명이 참석했다.

장대환 매경미디어그룹 회장은 이날 개막사에서 "좋은 일자리와 3%대 저성장 탈출 돌파구를 아시아 인프라 시장에서 찾을 수 있을 것"이라며 "아시아 인프라 시장을 적극 공략해 우리 경제가 1인당 소득 5만 달러 시대로 가는 초석을 다지자"고 제안했다.

한국은 산업화에 대한 지식이 있고 신도시를 성공적으로 건설한 노하우도 있다. 또 인프라 진화의 지향점인 스마트시티를 만들 수 있는 정보기술(IT) 역량도 세계적인 수준이다. 이는 아시아 인프라 시장 3대 수요인 산업화, 도시화, 연결성에 부합한다. 문제는 4대강 논란에 따른 '인프라 트라우마'로 인해 강점들이 흩어져 있다는 것이다.

매일경제 국민보고대회팀은 이런 강점을 통합하고 혁신적인 금융은 물론 법률·회계·의료 서비스까지 종합한 코리아 패키지를 민관 합동으로 만들 것을 제안했다. 정부는 10만㎢라는 좁은 국토 안에서 벗어나 기업들이 원활하게 아시아 인프라 시장에 진출할 수 있도록 판을 깔아주고, 대통령은 적극적인 정상외교로 돌파구를 마련하는 것이 중요하다. 여기에 민간이 주도적으로 중요한 아시아 인프라 프로젝트를 수주하거나 제안하겠다는 아이디어를 던져야 한다. 수출입은행이나 산업은행 등 국책은행, 그리고 연기금들은 기업들의 수출금융 지원 정도에 그칠 것이 아니라 과감하게 자기자본을 투자하는 등 해외 인프라 사업 구조를 고도화하는 데 기여해야 한다. 정부와 민간, 그리고 금융이 모두 함께 해외 대형 인프라 프로젝트를 위해 똘똘 뭉치는 것, 그것이 바로 '코리아 패키지 전략'이다.

그렇다면 이 전략을 활용할 수 있는 장소는 어디일까. ADB의 분석을 통해서도 알 수 있듯 2020년까지 늘어서 있는 아시아 인프라 시장 중에서 중국이 아시아 인프라 시장 수요의 절반 이상인 53.1%를 차지하고 있는 최대 시장이다. 그러나 아쉽게도 한국이 참여할 수 있는 비중이 많지 않다는 것이 문제다. 담수화 플랜트 기술력으로는 세계에서 최고로 꼽히는 두산중공업 역시 중국 시장에는 아직 본격적으로 대형 프로젝트를 수주한 경험이 부족하다. 국내 한 중견기업 관계자는 "중국이 비록 인프라 관련 다수의 프로젝트들을 진행하고 있지만 대한민국이나 심지어 미국, 유럽 기업들에게 참여 기회를 많이 주지 않는 것으로 유명하다"며 "중국은 돈이 조금 더 들더라도 자국 기업들에게 기회를 주어서 민간기업의 역량을 끌어올리거나 합작 형태로 사업을 진행해 해외 기업들의 기술력을 흡수하려 한다"고 말했다.

매일경제 국민보고대회팀이 ADB와 함께 분석한 결과, 중국 인프라 시장에 대한 대한민국 기업들의 진출은 이와 같은 근본적인 한계가 있다는 결론을 내렸다. 그렇다면 기회가 있는 지역은 어디일까. 매일경제는 새롭게 떠오르고 있는 아세안이 기회의 땅이 될 수 있다고 판단했다. 한국이 걸어온 길을 벤치마킹하려는 수요가 큰 데다 아세안은 대한민국 제2 교역지역이기도 하다. 일단 이곳에서 성공모델을 개척한 다음 서쪽으로는 인도, 파키스탄, 중동까지 뻗어 나가고 동쪽으로는 동북아를 중심으로 시장을 개척해 나가자는 것이 'V라인 전략'의 요지다.

이미 우리 정부는 아세안 정상외교를 통해 수많은 사업 프로젝트에 참여 의사를 밝힌 상태다. 2014년 연말 부산에서 치러진 한-아세안 정상회의가 끝난 뒤 정부가 발표한 다양한 보도자료를 뒤져 보면 그 흔적들이 남아 있다. 이미 박근혜 대통령은 아세

| 선택과 집중으로 V라인 구축 |

중동

동북아시아

인도

아세안

코리아 패키지

강점 극대화		**단점 보완**
도시개발 경험 압축 성장 IT	**+**	정부 구조 개혁 금융 혁신 민간 창의력

안에서 벌어지고 있는 대형 국책 인프라 프로젝트들에 대한 정상 차원에서의 관심을 표명했다.

박근혜 대통령은 매일경제 국민보고대회를 축하하며 보내온 영상 메시지를 통해 "우리의 상상력과 창의성, 과학기술에 기반한 창조경제를 통해 아시아 인프라 시장 개척에 적극 나서면 제2 한강의 기적도 가능할 것"이라고 밝혔다.

| 아세안 대규모 인프라 프로젝트 진행 현황 |

국가	프로젝트	규모	추진 일정
라오스	세폰(Xepon)3 수력발전소	약 1.5억 달러	2017년 완공
말레이시아	말레이-싱가포르 고속철도	120억 달러	2015년 입찰
	상용 원자력발전소 2기	31억 달러	2016년 발주
	정유, 석유화학 복합단지	200억 달러	2015년 시작
미얀마	양곤 달라 항만 재개발	미정	2014년 타당성 조사 진행
베트남	롱안 석탄화력발전소	25억 달러	2015년 협상 진행
	바체 석탄화력발전소	미정	2015년 협상 진행
	상용 원자력발전소 2기	100억 달러	2015년 발주
브루나이	무라아-템브롱 교량 건설	20~30억 달러	2015년 발주
	PMB섬 가스발전소	3억 달러	2015년 발주
인도네시아	자카르타 해안 방조제	247억 달러	2014년 타당성 조사 진행
태국	물관리사업	91억 달러	2015년 사업 재추진
캄보디아	메콩 강 곡물터미널개발	미정	검토 중

자료: 해외건설협회

장성 법무법인 지평 미얀마 법인장

"각개전투로는 승산 없다."

　인프라 시장을 잡기 위해서는 금융 지원도 중요하지만 법률 서비스도 필수적이다. 미얀마 등 상당수 아시아 개발도상국의 경우 외국인투자법, 법인세법, 국가계약법 등 법체계가 아직 미흡하다. 따라서 이들 나라에 맞는 법률 인프라를 깔아주는 작업은 아주 중요하다. 예를 들어 우리나라 법체계를 캄보디아에 전수할 경우 우리 기업들의 진출은 훨씬 쉽게 이뤄질 수 있다. 우리 법무법인(로펌)의 해외 진출도 촉진할 수 있다. 미얀마 개방과 함께 진출해 벌써 200여 건의 자문 실적을 거둔 법무법인 지평의 장성 미얀마 법인장 이야기를 한번 들어 보자. 지평은 현재 미얀마 정부가 경제 기반 강화를 위해 야심 차게 추진하고 있는 띨라와 특별경제구역(SEZ) 기업 유치 자문도 맡고 있다.

Q. 개발사업 성패 요인은?

결국 금융 지원이 관건이다. 미얀마 북동쪽에 따웅지라는 곳이 있다. 소수민족이 타운 개발하는 프로젝트가 있어서 국내 건설 회사와 논의해 봤지만 금융에서 막혀 무산됐다. 얼마 후 가보니 일본 자이카(JICA)가 들어와 학교를 짓고 마을을 만들고 있었 다. 한국 금융회사들은 담보와 보증을 계속 요구한다. 이렇게 가 면 동남아시아에서는 프로젝트를 수주하기 어렵다.

Q. 다른 요인은 없는가?

일본 자이카가 하는 걸 보면 일단 공적개발원조(ODA)를 쥐고 흔들기 때문에 미얀마 공무원들이 꼼짝을 못한다. 또 웬만한 일 본 정부부처에는 일본인 자문관이 한 명씩 다 있다. 일본 기업인 들이 사업하기 아주 좋은 조건을 깔아준 것이다. 미얀마 대통령 비서실에도 일본인 자문관이 있다. 이런 관계 형성이 프로젝트 수주의 밑거름이 되고 있다. 반면 한국인 자문관은 한 명도 없다. 일본은 정부 기업 은행이 한 팀으로 움직이는 데 반해 한국은 구 심점이 없다. 각개전투해서는 승산이 없다. 자이카 활동에 대한 기업의 신뢰도 중요한 부분이다.

Q. 우리는 어떤 전략이 필요한가?

예를 들어 보자. 미얀마에 오면 도로 구조가 한국과 같다는 것을 알 수 있다. 그런데 미얀마 사람들이 타는 자동차는 오른쪽 핸들을 단 일본 중고차다. 여기서도 안전 문제 때문에 오른쪽 핸들 차량을 규제하려고 했지만 일본 중고차 업체 등이 나서서 막았다. 그때 우리 정부 차원에서 왼쪽 핸들을 관철했어야 한다. 초창기에 시장을 선점하는 게 그만큼 중요하다는 뜻이다. ODA도 전략적으로 해야 한다. 학교 하나 지어줘 봐야 뭐하나. 동남아에 지어주는 학교 대부분 폐교됐다. 운영 자금이 없기 때문이다. 도로를 깔아주면 뭐하나. 유지 비용이 없어 군데군데 다 파였다. 코트라, 무역협회, 해외건설협회, 수출입은행, 코이카 등 우리 기업의 해외진출을 돕는 기관 간 역할도 재정립할 필요가 있다.

Q. 당부할 말은?

관에서 잘하는 게 무엇보다 중요하다. 정부는 기업이 혼자 지기 힘든 리스크를 줄여줘야 한다. 그리고 제대로 된 프로젝트 하나를 우선 만들 필요가 있다. 정부, 코이카, 건설사 등이 힘을 합쳐서 롤모델이 될 만한 사업을 하나 만들어야 한다. 법률 자문은 이미 충분히 준비가 됐다. 문제는 우리 기업이 오지 않는다는 것이다. 그래서 일본 기업들 자문을 주로 하고 있다. 미얀마에 진출했을 때 처음 관심을 가진 언론도 일본의 니케이였다.

Q. 양곤 띨라와 경제특구 진행 상황은?

양곤 강 전체에 다리가 4개밖에 없다. 띨라와 쪽에 하나 있었고 그 밑에 공업단지를 일본이 조성하고 있다. 일본은 3,000억 엔에 이르는 부채를 탕감해 주면서 띨라와 공단 조성 사업권을 따냈다. 일본 정부가 앞장서서 이끌고 종합상사와 건설사, 자이카까지 가세해서 사업권을 가져갔다. 현재 33개 입주 기업 계약이 이뤄졌다. 그중 절반 정도인 15개가 일본 기업이다. 유럽과 인도 기업도 참여할 예정이다. 마케팅 쪽에서는 (한국 로펌이 자문을 맡고 있는데) 들어오겠다는 한국 기업이 없어 섭섭해 하고 있다. 임대료 수준이 높은 탓인 것 같다. 70년 치 임대료를 한꺼번에 내야 하는데 미얀마에서 장기적으로 사업하겠다는 큰 비전 없이는 들어오기 어렵다.

"손익공유형 민자모델
들어 보셨나요?"

1995년 민간투자법이 만들어진 이후 한국의 인프라 민간투자 사업은 수많은 시행착오를 겪었다. 요금이 높고 최소운영수입보장(MRG) 제도에 따라 도로와 철도를 이용하는 시민들의 비난이 컸고, 이는 국회에서 '혈세 낭비'의 사례로 지목돼 정치적 쟁점으로 비화되기 일쑤였다. 그러나 MRG가 폐지된 이후에는 대규모 인프라 사업에 민간자금을 유치하기 어렵게 되었다.

맥쿼리한국인프라금융 부문에서 대표를 역임하면서 국내 인프라 민간투자사업에 잔뼈가 굵은 황우곤 파인스트리트인프라 대표는 기존 민자인프라 투자사업의 패러다임을 바꿀 새로운 모델을 제안했다. 기존 BTO(Build-Transfer-Operate), BTL(Build-Transfer-Lease) 방식에서 벗어난 손익공유형 민자모델, BTOA(Build-Transfer-Operate-Adjust)가 그것이다.

| 민간투자자 수익은 좀 줄이고 이용자 요금 부담도 줄이자 |

BTOA 방식의 요지는 기존 민자방식과 달리 일단 민간자금으로 철도나 도로 등의 인프라 시설을 지어 놓은 다음 운영 성과를 반영하여 사업자와 정부 사이의 손익을 조정하는 것이다. 즉 요금을 정부가 재정사업 수준으로 관리하는 상태에서 운영 기간 중 운영 성과가 좋지 않을 경우 사업자와 정부가 손실을 공유하고, 운영 성과가 좋을 경우 초과 이익을 상호 배분하는 것이다.

공공요금은 3~4년 만에 한 번씩 조정되는 데 반해 기존의 BTO 방식의 MRG가 있는 민자사업은 협약을 통해 매년 물가상승률 등을 고려해 요금이 인상되는 구조다. MRG의 문제점은 매년 보장되는 수입이 있기 때문에 도로나 철도의 예측수요가 늘어나면 최소보장운영수입도 늘어나 사업자나 프로젝트에 투자한 민간투자자만 일방적으로 높은 수익을 가져가는 일이 벌어지는 현상이었다.

이 때문에 황 대표는 정부가 수입을 보장해 줄 것이 아니라 사업자가 도로나 철도를 건설하고 운영함에 있어서 부도가 나지 않고 투자자 유치가 가능할 정도의 최소비용을 보전하는 개념으로 바꾸자고 제안했다. 그리고 적용요금을 정부가 유사 사업의 공공요금 수준으로 관리하도록 하여 민자사업에 대한 이용자의 높은 요금으로 인한 불만을 없애자는 것이다. 이렇게 할 경우 사업자는 낮은 금리(자본비용)로 자금을 조달할 수 있어서 사업성을 높일 수 있다는 것이다.

황 대표에 따르면 기존 BTO 방식 하에서 리스크 프리미엄을 반영한 사업의 기대수익률이 약 8% 수준이라면 이 BTOA 모델의 사업은 약 3~4%의 기대수익률이면 가능하다고 한다. 훨씬 낮은 수익률이라고 생각할 수 있지만 손실의 위험이 크지 않다는 점이 가장 큰 장점이다.

실제로 대한민국 서울의 지하철 9호선 사업이 BTOA 방식과 유사한 비용보전방식을 통해 재조정한 케이스다. 서울시는 지하철 9호선 요금 인상 문제 해결을 위해 사업재구조화를 완료했으며, 서울 시민들이 참여하는 시민펀드를 조성해서 좋은 반응을 얻었다. 서울시 지하철 9호선 이외에 6개 MRG가 존재하는 사업이 유사한 방식으로 재구조화해서 MRG로 인한 문제점과 요금 인상으로 인한 문제점을 해결했다.

| BTOA 모델, 전 세계로 확산시키자 |

황 대표는 BTOA 방식으로 민간투자사업이 추진되면 투자자의 기대수익률은 다소 낮아질 수 있지만 사업의 안정성을 높일 수 있고 요금으로 인한 갈등을 없앨 수 있기 때문에 공공성과 수익성의 적절한 조화를 통한 지속가능한 사업 구조를 만들 수 있다고 한다.

황 대표는 세계적으로 신규 인프라 시설 개발이 필요한 개도국뿐만 아니라 노후화된 인프라 시설 개량을 위해 선진국에서도 민간자본을 활용한 인프라 개발사업에 대한 관심이 매우 높으며 성공적인 민관협력사업(PPP)을 위해서는 정부와 민간 사이에 신뢰가 형성되는 것이 무엇보다 중요하다고 말했다. 이를 위해서는 민간 투자자도 이용자와 정부 입장을 고려해서 합리적인 수준의 수익률을 요구하고, 정부와 정치권에서도 사업자에게 최소한의 비용보전 및 일정 수익을 허용해 주는 자세가 필요하다는 주장이다.

황 대표는 "우리나라의 경우 시중 민간자금은 대기수요가 많지만 정부는 복지수요의 증가로 인해 인프라 시설투자를 위한 재정여력이 많지 않다"며 "정부는 민간 투자자의 속성을 이해하면서 투자 의욕을 북돋아 줄 필요가 있고, 민간투자자 역시 리스크 대비 과도한 수익성을 추구하기보다는 합리적 수준으로 접근하는 자세가 필요하다"고 말했다.

황 대표가 제안한 BTOA 방식의 PPP 모델은 2015년 기획재정부가 발표한 경제 정책 방향에도 포함돼 우리나라 정부의 공식적인 정책이 됐다. 이제는 이 모델의 해외 수출을 꿈꿔 볼 때다. 황 대표는 "이 모델을 국내에 잘 정착시켜 해외에도 수출해야 한다"고 말했다. 실제로 한국의 민자사업은 해외 여러 나라에서도 배우고 싶어 할 만큼 제도적으로 잘 정비되어 있고 한국의 기업들과 금융기관들은 다양한 경험을 보유하고 있다.

현재 우리나라에는 PPP 사업을 위해 설립된 사업시행법인 (Project Company)이 약 700개가량 존재한다. 실패 사례도 많지만 성공 사례도 많은 셈이다. 실패 사례의 원인은 대부분 잘못된 수요 예측이나 MRG 등과 같은 수입보장 약정 때문에 발생했다. BTOA 모델을 응용해서 실패한 PPP 사업들이 지속가능한 사업으로 재구조화되고 있고, 이러한 경험은 한국만이 가진 것으로 인프라 개발금융의 강점으로 작용할 수 있다는 것이 황 대표의 주장이다.

특히 베트남, 인도네시아 등 아세안 국가들은 인프라 개발의 수요가 크지만 정부 재정 부족으로 인해 대규모 민자 유치를 계획하고 있다. 이 과정에서 최소수입이 보장되지 않으면 자금을 투입하지 않겠다는 민간투자자들이 많을 것이고 그렇게 되면 한국이 경험한 유사한 문제가 발생할 수 있다는 얘기다. 황 대표는 "우리나라 기업들이 지난 20년간 경험한 민자사업 개발 노하우와 BTOA 방식처럼 정부-이용자-민간투자자 사이의 이해관계가 성과에 따라 조정되는 민자사업모델을 동시에 가지고 세계 시장으로 나간다면 좋은 성과와 그 경쟁력을 확대할 수 있을 것"이라고 말했다.

ASIAN INFRASTRUCTURE

인프라 강국을 위한
첫 번째 열쇠,
코리아 패키지

Chapter 01

구미, 울산, 송도 모델로
맞춤형 스마트시티 수출

　매일경제, 아시아개발은행(ADB) 연구진이 동남아~인도~중
동에 걸친 지역에서 대한민국 킬러 콘텐츠로 꼽은 것은 '스마트
시티'이다. 도시 개발 및 산업 인프라 구축 경험에다 대한민국의
강점인 IT 인프라를 접목시켜 수요자 맞춤형 스마트시티 패키지
를 만들어 진출한다면 이 지역에서 승산이 있다는 분석이다.

　왜냐하면 1960~1980년대 대한민국의 압축 성장을 일궈냈던
주역 또한 바로 '도시'였기 때문이다. 경제 개발 5개년 계획에 따
라 울산, 포항, 구미, 창원, 여천, 반월 등의 공업도시 계획들이 진
행되면서 대한민국의 경제는 급속도로 성장하기 시작했다. 통
계청에 따르면 1960년 대한민국 전체 인구 중에서 도시 거주자
비율은 39.1%에 불과했지만 도시에 일자리가 창출되고 주거단
지가 형성되면서 도시화 비율이 1980년 68.7%, 1990년 81.9%,

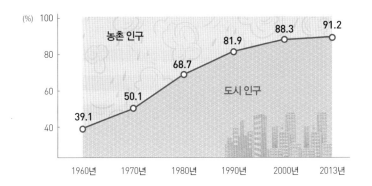

(%) 100

농촌 인구

91.2

88.3

81.9

80

68.7

50.1

60

도시 인구

39.1

40

1960년   1970년   1980년   1990년   2000년   2013년

2013년 91.2%로 급성장했다.

이에 발맞춰 대한민국의 소득 수준도 기하급수적으로 증가했다. 한국은행이 집계한 1인당 GDP(절대가격 기준)는 1962년 90 달러에서 출발하여 1977년 1,000달러, 1989년 5,738달러, 2006년에 2만 601달러로 퀀텀 점프했다. 현오석 전 경제부총리는 "산업단지와 주거가 결집된 도시가 만들어지면서 대한민국 성장이 가속화되기 시작했다"고 말했다.

이런 과거 경험에 고객 맞춤형 IT 인프라를 탑재한 '스마트시티' 모델을 구축해 수출한다면 동남아시아나 인도와 같은 개발도상국의 수요를 충족시킬 수 있다. 예를 들어 캄보디아, 라오스 등은 전력, 물류, 교통 등 산업기반이 취약한 데다 인구가 집적

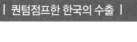

| 퀀텀점프한 한국의 수출 |

단위: 억 달러

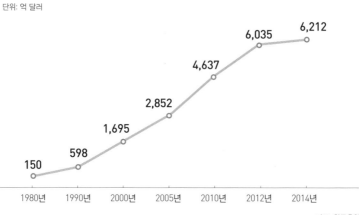

자료: 한국은행

| 고공 행진한 한국 국민총소득 |

단위: 달러

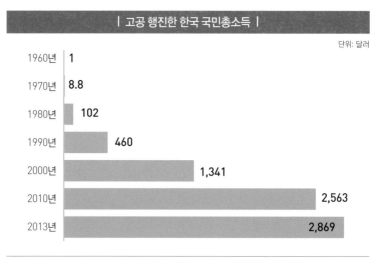

1인당 GNI 기준   자료: 한국은행

될 수 있는 주거기반 자체가 취약하다. 밀림이 많고 지리적으로 토지수용이 어려운 사정도 있다. 이들의 경제 수준은 1인당 국민소득 1,100~1,200달러로 대한민국의 1970년대 후반과 유사하다. 이를 종합적으로 감안하면 1960~1970년대 개발 당시 5만 명 가량의 중소형 도시를 목표로 했던 한국의 구미 같은 모형이 필요한 것으로 분석된다. 여기에 소규모 발전소와 에너지저장장치(ESS), 스마트 물 관리 시스템 등 첨단 스마트시티 인프라를 탑재한 패키지 상품을 만든다면 해당 국가들의 수요를 만족시킬 수 있다. 마이크 린필드 ADB 자문관은 "동남아시아 국가 상당수가 산업기반과 결합된 도시 형성을 원하고 있다"며 "한국의 성공적 산업단지, 도시 건설 경험과 함께 현지 사정에 맞는 스마트 인프라가 부가된다면 엄청난 시너지를 발휘할 수 있다"고 말했다.

반면 1인당 국민소득이 2,000달러에 가까운 수준이고 인구가 풍부하면서 집적화된 산업도시가 필요한 베트남, 인도 같은 나라에는 인구 15만 명 규모의 중형 도시를 지향했던 울산의 모델이 알맞을 것으로 보인다. 삼성중공업은 베트남에 조선소를 세우겠다는 계획을 검토하고 있어 제조업-건설업-금융-IT 패키지 진출 전략도 모색해 볼 필요가 있다는 분석이다. 삼성그룹은 베트남을 제2의 생산기지로 보고 각종 지원을 아끼지 않고 있기 때문에 여기에 정부와 건설기업 등의 참여가 더해진다면 효과적인

도시 수출 모델을 만들 수 있을 것으로 예상된다. 베트남 현지에
서는 한국형 도시에 대한 수요도 풍부한 편이다. 베트남 수도 하
노이의 중심지인 THT 신도시에는 대우건설이 한국형 신도시 형
태의 건설을 진행하고 있다. 각종 인프라는 2016년 3월에 완공
예정이고 빌라 등은 2015년 6월에 착공에 들어간다. 사업비만
총 3조 원에 이르는 대형 공사다. 대우건설 관계자는 "1996년 베
트남 정부를 상대로 하노이 신도시 개발사업을 제안했고 2012년
11월 기공식에 들어갔다"고 밝혔다.

말레이시아처럼 경제적 부가 축적된 아시아 국가에는 인천 송
도 신도시와 같은 스마트시티의 모델을 맞춤형으로 수출하는 것

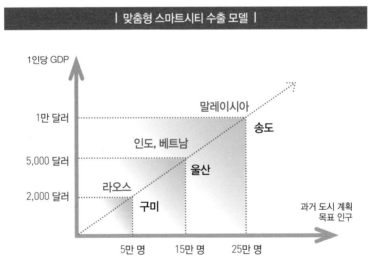

| 맞춤형 스마트시티 수출 모델 |

이 적합하다는 분석이다. 특히 말레이시아는 이미 푸트라자야 등 세종시의 모델이 된 행정도시를 갖고 있는 등 어떤 면에서 보면 대한민국 못지않은 신도시 경험을 갖고 있는 나라다. 그러나 이들 국가 도시에는 과도한 인구 집중으로 교통 체증, 범죄, 환경 오염 등 각종 도시문제들이 발생하고 있어 이를 해결할 수 있는 최첨단 솔루션을 담은 스마트시티에 대한 수요가 높다. 아르준 고스와니 ADB 지역경제통합국장은 "한국의 송도 모델은 다양한 스마트시티 잡지에서도 언급될 정도로 관심을 받고 있다"며 "성공 경험과 트랙레코드를 더욱 쌓아 나가면 도시 수출이 가능한 모델이라고 본다"고 말했다.

이런 스마트시티 수출이 가능하려면 우리나라부터 제대로 된 스마트시티의 성공모델이 나와 줘야 한다. 한국은 청라 국제도시, 송도 신도시 등을 대표적인 스마트시티로 키우기 위해 노무현 정권 때부터 많은 노력을 해 왔다. 하지만 인천 송도 모델은 많은 주목을 받고는 있지만 아직 성공했다는 평가를 받지는 못하고 있다.

송도, 영종, 청라 국제도시로 구성된 인천경제자유구역은 2003년부터 2020년까지 3,541억 원을 투입해 U-City(유비쿼터스 도시) 구축을 추진하고 있다. U-City 사업은 최첨단 ICT(정보통신기술)를 거주지, 비즈니스, 공공부문, 산업단지 등 도시의 모든 분야에 접목해 정보화 미래형 도시를 구축하는 사업이다. U-City의 핵심 플랫폼인 도시통합운영센터에 인천경제자유구역 내에 설치된 센서로부터 받은 모든 정보가 모니터에 자세하게 표시되는 등 도시 내 모든 정보가 연계되는 형태다. 그러나 아직 운영 형태는 초보적인 단계로 봐야 한다. 통합운영센터에는 경찰, 소방공무원들이 파견 근무를 하고 있지 않고 센터 직원들이 해당 기관에 정보를 전파하고 있는 수준이다. 인프라는 유기적으로 갖춰져 있지만 아직 기관과 조직들이 적응을 하지는 못하고 있다.

이런 문제가 생기는 이유는 대한민국 정부가 아직 '스마트시티'가 인프라 수출의 핵심 열쇠라는 사실에 대해 인식하지 못하기 때문이다. 이런 인식 부족 때문에 많은 아쉬운 일들이 벌어진다. 예를 들어 현대자동차는 과거 러시아에 자동차공장을 건설했지만, 부품공장이 들어설 입지와 근로자들의 주택 건설 문제까지는 고민하지 못했다. 반면 한국수자원공사는 해외에 댐을 건설한 뒤 확보된 물과 전력으로 산업단지나 농업단지 개발을 해야겠다는 아이디어를 구체화하지 못했다. 그러나 아예 도시를 통째로 수출한다는 아이디어를 갖고 접근하면 현대자동차, 한국수자원공사뿐만 아니라 건설사, LH 공사 등을 모두 데리고 해외로 진출하는 '패키지' 전략의 구상이 쉽게 가능해진다. 강태영 포스코경제연구소 부사장은 "스마트시티는 5만, 10만, 15만 가구의 인구 단위에 따라 다른 전략과 접근법을 세워야 한다"며 "각각의 도시 규모에 맞게 산업, 주거, 상업, 행정 등을 포괄하는 스마트시티의 도시계획 모델을 갖추고 한국 기업들이 힘을 합친 패키지 전략을 펼칠 필요가 있다"고 말했다.

Chapter 02

인도 동쪽에
'부산형 메갈로폴리스'를

인도가 동쪽 해안지역에 길이 800㎞에 이르는 거대한 산업단지 계획을 추진 중이다. 인도가 한다고 하면 믿지 않는 한국 여론이 많지만 이번엔 좀 다르다. 아시아개발은행(ADB)이 산업단지 계획을 짜 주는 동시에 직접 막대한 자금(10억 달러)을 투입하기로 결정했기 때문이다. 특히 인도와 ADB는 유럽, 중국, 일본은 물론 한국 기업들을 대상으로 적극적 제조업 유치 활동에 나서고 있다.

해당 프로젝트를 담당하고 있는 마노지 샤르마 ADB 자문관은 "인도 동쪽 해안 개발 계획의 일환으로 비작과 첸나이를 잇는 구간에 대한 실사를 최근 끝냈으며 대부분의 토지가 주 정부 소유라 산업단지 조성 계획에 큰 무리가 없다는 결론을 내렸다"며 "ADB는 10억 달러의 자금을 투입해 이 지역의 인프

| VCIC 계획 |

델리

인도

비작

안드라프라데시주

아라비아해

첸나이

라 개발을 지원할 계획"이라고 말했다. ADB는 이 프로젝트를 VCIC(Vizag-Chennai Industrial Corridor, 비작-첸나이 산업회랑 계획)라고 부르고 있다.

그동안 우리나라는 인도 산업단지 개발 계획에 대해 트라우마 가 있었다. 2005년 포스코가 오디샤 주에 짓기로 했던 제철소 건 립 계획이 10년째 공회전하고 있기 때문이다. 그러나 환경 문제 에다 주 정부 차원에서 해결 의지가 빈약한 오디샤 주 문제와 달 리 VCIC가 추진되고 있는 안드라프라데시 주는 주지사의 의지 가 강력하다. 찬드라바부 나이두 주지사는 2015년 1월 말 스위스 다보스포럼에 참석한 자리에서 "수많은 기업과 정부에 인프라 개발 참여를 호소했으며 싱가포르 정부가 안드라프라데시 주 수도(하이데라바드)의 인프라 개발에 관심을 보였다"며 "일본과 글로벌 최고 수준의 기업들이 안드라프라데시 주의 인프라 개발에 동참할 것"이라고 말했다.

매일경제가 확보한 VCIC 마스터플랜에 따르면 인도와 ADB는 2015년 말까지 교통, 에너지, 도시 계획을 수립함과 동시에 인프라 구축에 들어갈 정확한 재원 규모를 산정할 방침이다. 이를 바탕으로 2016년 상반기 내에 VCIC 전체에 대한 마스터플랜을 짜고 건축에 들어가는 스케줄이 잡혀 있다. 특히 VCIC 지역 내에서 우선적으로 개발될 곳으로 비샤카파트남(Vishakhapatnam), 카키나다(Kakinada), 칸키파두(Kankipadu), 예르페두(Yerpedu) 등 4개 지역이 선정된 상태다. 이 4개 도시에는 각각 공항이 한 곳씩 건설되고 철도와 도로가 연결되는 인프라가 구축될 예정이다. 이미 어느 지역에 어떤 제조업을 육성할지 대략적인 윤곽이 나와 있다.

예를 들어 흔히 비작(Vizag)이라고 불리는 비샤카파트남 지역에는 석유화학, 식품가공업, 의약업, 비철금속 광물 제련업 등을

| VCIC 향후 스케줄 |

일정	계획
2014년 연말까지	VCIC계획 개념 정리
2015년 연말까지	교통계획 수립
	에너지 전략 수립
	도시계획 정비
	자금조달계획 수립
2016년 6월까지	선정된 중점도시(Node)별 마스터플랜 수립

자료: 아시아개발은행(2014년 12월)

육성하겠다는 계획이 수립되어 있다. 카키나다 지역에는 식품가공업, 제지업, 석유화학 공장 등이 적합하다는 분석이 나왔다. 정회윤 ADB 시니어 이코노미스트는 "일본, 싱가포르, 유럽 각국이 중국 다음으로 떠오를 제조업 기지로 인도를 주목하고 있다"며 "제조업의 중심이 인도로 옮겨갈 가능성에 대비해 이 지역을 한국 글로벌 제조기업들의 교두보로 삼는 전략을 마련할 필요가 있다"고 말했다.

'Make In India'라는 거대한 캐치프레이즈 하에 진행되고 있는 VCIC 계획은 우리나라가 사실 가장 잘할 수 있는 분야다. 거대한 산업도시 4개를 800㎞의 지역 내에 한꺼번에 짓겠다는 이 프로젝트는 사실 부산을 중심으로 거제, 창원, 울산, 포항에 이르는 인구 663만 명 규모의 '메갈로폴리스'와 닮아 있다. 메갈로폴리스란 미국 워싱턴DC~보스턴에 이르는 인구 1,200만 명 규모의 대형 도시 집단처럼 도시들이 여러 개 이어져 있는 도시 집단을 말한다. 인도 VCIC는 대한민국의 조선, 철강, 건설, 플랜트, 자동차 등 제조업과 함께 주택, 교통, 수자원, 통신 등 제반 인프라가 대거 동반 진출하는 모델로 공략할 필요가 있는 시장이다.

인도는 VCIC를 포함한 동쪽 해안 개발을 통해 2022년까지 인도의 제조업 생산액을 5,000억 달러까지 끌어올리겠다고 선언했다. 이는 대한민국 제조업 생산액의 2배 수준이다. 이미 글로벌 생산기지를 갖추고 있는 한국 제조업들이 인도 VCIC의 추진 상황에 대해 촉각을 곤두세우지 않을 수 없는 이유다. VCIC 프로젝트의 개략적인 내용을 요약해 보았다.

//////////////////////// **VCIC 프로젝트 개요** ////////////////////////

인도 정부는 제조업 육성과 도시화 촉진을 위해 주요 산업단지들을 벨트화한 산업회랑지대(industrial corridor) 조성을 적극 추진 중.

» 이는 산업단지들을 고도의 인프라망을 통해 배후 도시 및 항만, 공항 등과 연계함으로써 제조업 중심의 경제 발전을 도모하는 데 목적이 있음.

» 동시에 경제 발전의 중심 영역을 기존의 서비스산업에서 제조업으로 전환하겠다는 인도 정부의 의지가 반영된 국가 발전 전략임.

» 이를 위해 제조업 육성(National Manufacturing Policy)과 적극적인 외국인 투자 유치(Make In India) 정책을 병행하고 있음.

인도 정부는 최근 서벵골(West Bengal) 주의 콜카타(Kolkata)와 타밀나두(Tamil Nadu) 주를 잇는 ECEC(East Coast Economic Corridor)를 새로운 산업회랑지대로 공인.

» ECEC는 인도 최초로 해안지대를 따라 조성되는 산업벨트로 제5고속도로를 중심축으로 개발될 예정.

» 인도 정부는 ADB를 ECEC 프로젝트의 공식적인 주 사업파트너로 선정하고 개발 계획 수립 전반을 일임.

ECEC는 정부의 동방정책(Look East Policy)의 일환으로 추진되고 있음.

» 궁극적으로는 인도 동부 해안을 수출산업 중심의 제조업 허브로 육성하고 글로벌 제조업 네트워크와의 연결을 통해 동아시아와의 경제 협력 및 통합을 이루겠다는 비전이 밑바탕에 깔려 있음.

ADB는 우선 1단계로 안드라프라데시(Andhra Pradesh) 주의 북쪽 항구 도시인 비작(Vizag-Vishakapatnam)과 남쪽의 주요 산업도시인 첸나이(Chennai)를 연결하는 VCIC(Vizag Chennai Industrial Corridor)에 중점을 두고 개발 계획을 수립 중.

» 2014년 6월 기존의 안드라프라데시 주가 테란가나(Telangana) 주와 새로운 안드라프라데시 주로 분리되면서 중앙정부가 동부 해안을 끼고 있는 안드라프라데시 주의 개발 전략을 2014년 12월까지 마련하도록 관련법에 명문화하였음.

이에 따라 ADB는 중앙정부 및 안드라프라데시 주 정부와 긴밀한 협력을 통해 1단계 개발 계획(Conceptual Development Plan)을 마련해 2014년 연말에 제출.

» 이 계획에는 ① 4개 전략적 개발거점지역 제시, ② 8대 전략산업 선정, ③ 기업경영환경 개선 관련 정책 제안 등을 주 내용으로 담고 있음.

이를 토대로 향후 4개 전략적 개발거점지역에 대한 보다 세부적인 개발 계획을 2016년 상반기까지 단계적으로 마련할 예정.

ADB와 안드라프라데시 주 정부는 4개 전략적 개발거점지역 중 북쪽의 비작과 남쪽의 예르페두, 스리칼라하스티 지역을 우선 개발하기로 합의.

» ADB는 현장실사를 통해 개발 예정지 내 토지(주 정부 소유) 및 용수 공급 가능성, 기본 인프라 구축 여부 등을 점검.

ADB는 2015년 중 ① 산업단지 내 인프라 조성, ② 항만 개발, ③ 주변 간선도로 개선, ④ 배후도시 인프라 구축 등에 10억 달러의 자금을 우선 지원 예정.

향후 VCIC 프로젝트가 성공하기 위해서는 산업회랑지대 내 외국인 투자 유치 여부가 관건이 될 것으로 전망.

» 안드라프라데시 주에서는 일본(2014년 11월)에 이어 2015년 상반기 중 주 지사가 한국을 방문해 VCIC 프로젝트에 대한 홍보 및 투자자 유치 활동을 전개할 예정.

» ADB는 VCIC 프로젝트의 주 파트너로서 안드라프라데시 주 정부의 IR 및 투자자 프로모션 활동을 적극적으로 지원할 계획으로 있음.

Chapter 03

한국형 수자원 플랫폼, 메콩 강 공략 가능하다

정작 우리나라에는 많이 알려져 있지 않지만 대한민국의 수자원 플랫폼 사업은 세계적인 경쟁력을 갖추고 있다. 미국수도협회(AWWA)가 한국수자원공사(K-Water)의 상수도 부문에 대해 5년 연속 최고 등급을 매겼을 정도다. 프랑스의 수자원 전문 기업인 베올리아(Veolia) 등이 물 인프라 부문에서는 뛰어난 것으로 알려져 있지만 물 순환 전 과정에 대한 토털 서비스를 제공하지는 못한다. 세계은행 등에서는 한국수자원공사의 무인 물 관리 시스템에 대해 극찬하고 있으며, 아시아개발은행(ADB)에서도 수자원공사의 노하우를 동남아시아 각국들에게 알리는 교육 프로그램을 하자고 제안할 정도다.

물 관련 사업도 이런 기술력과 경험을 잘 살려 패키지 상품을 만들 필요가 있다. 이미 수자원 공사의 스마트 물 관리 플랫폼은

IT와 수자원 관리가 결합된 상품이지만 보다 넓은 시각으로 본다면 건설, 토목, 에너지, 통신 등도 접목시켜 나갈 수 있다.

물 산업은 21세기 '블루골드'로 떠오르고 있는 유망 산업이다. 과거 물 산업은 사회간접자본으로서 공공성 측면만이 강조되었지만 21세기에 들어서는 수자원 부족 문제가 대두되면서 핵심적인 비즈니스로 떠오르고 있다. 특히 제조업, 건설업, 서비스업 등을 포괄한 수자원 플랫폼을 원하는 국가와 도시들이 늘어나면서 산업 규모는 더욱 커지고 있다. 플랫폼 사업으로 진화하면서 보다 발전된 기술을 요구하고 있고 공사의 난이도가 높아지면서 자연스럽게 물 산업을 잘할 수 있는 국가와 기업도 한정되는 등 진입 장벽 또한 높아지는 양상이다.

한국수출입은행에 따르면 2013년 세계 물 산업 시장 규모는 5,560억 달러로 추정되는데, 이는 2018년에 6,890억 달러로 성장할 것으로 예상된다. 이에 연관되는 소재, 부품 시장의 규모 또한 2013년 902억 달러에서 2018년 1,252억 달러로 늘어날 전망이다. 상수도 처리 플랜트 시장은 236억 달러에서 2018년 300억 달러를 돌파할 것으로 보인다. 이렇게 늘어나는 물 산업 시장의 중심에는 역시 아시아가 있다. 상수처리 플랜트만 놓고 보면 아시아가 2013년 236억 달러의 시장 규모 중 가장 큰 비중인 90억 3,000만 달러를 갖고 있다. 미주(79억 3,000만 달러), 유럽(60억 달러) 등이 그 뒤를 잇는다.

이렇게 증가하고 있는 물 산업 시장은 글로벌 과점 구조가 깨지고 있는 변화의 시기에 놓여 있다. 일단 민간 기업들이 물 산업에 진출할 수 있는 기회가 열리고 있다. 정부가 자금을 대고 민간 기업들은 설계 시공(EPC)만을 하던 구조가 점점 바뀌어서 시공사들이 금융 주선과 프로젝트 설계를 담당하는 시행사 개념으로 참여하는 발주가 늘어나고 있다. 여기에 베올리아나 수에즈 (Suez) 같은 글로벌 최상위 물 산업 시공사들의 점유율이 2001년 73%에서 2012년 32.6%까지 떨어지면서 과점 구조가 깨지고 있다. 이는 그만큼 시장이 민영화되고 기회 요인이 증가하면서 기술력 있는 물 산업 관련 기업들의 참여가 늘어나고 있다는 뜻이다.

물 산업의 개념 또한 급격하게 변하고 있다. 2009년 세계은행이 내놓은 〈수자원의 미래 모색하기(*Charting Our Water Future*)〉 보고서가 그런 변화에 도화선을 당겼다. 이 보고서는 물 산업을 전통적인 상하수도 사업으로 보던 기존의 관념을 깨고, 수자원 확보와 재처리까지 포괄하는 개념으로 물 산업을 바라봐야 한다는 관점의 변화를 촉구했다.

바닷물을 산업 용수나 식수로 활용할 수 있도록 하는 담수화

| 태국 물 사업 추진 경위 |

» 2012년 7월 10일　태국 정부(WFMC), 물 관리 사업 국제 입찰 계획 발표
» 2012년 9월 25일　K-Water, 입찰사전자격심사(PQ) 통과

💧 34개 지원 기업 중 한국, 중국, 일본 국적 등 8개 기업 통과

» 2012년 11월 23일　1차 제안서(Conceptual Plan) 제출
» 2013년 2월 5일　최종예비후보(Shortlist) 선정 결과 발표

💧 6개사 선정 (전 분야 통과: K-Water, ITD컨소시엄)

» 2013년 5월 3일　최종제안서(Definitive Design) 제출
» 2013년 6월 10일　우선협상대상자 발표
» 2013년 6월 19일　총 사업예산 협상 결과 발표
» 2014년 연말　태국 정권 교체 이후 한국 우선협상자 지위 상실

플랜트나, 하수도를 재처리하여 활용하는 기술 등이 물 산업의 범주 내로 들어오는 본격적인 계기가 된 것이 이 보고서였다. 이는 물 산업이 단순한 상하수도 공사를 넘어 수자원 확보, 분배, 운영 및 재처리까지 포괄하는 플랫폼 사업으로 진화하고 있음을 의미한다.

　매일경제는 이미 한국의 수자원 플랫폼이 글로벌 강점을 가지고 있다는 점, 그리고 물이 풍부할 것으로 생각되는 아세안 국가들이 각종 수해와 상하수도 부족 문제로 골머리를 앓고 있다는

점에 착안해 한국형 수자원 플랫폼을 이 지역으로 수출하는 데 국가적 역량을 결집하자는 제안을 내놓았다.

예를 들어 인도네시아는 1억 4,000만 명의 인구가 거주하고 있고 수많은 섬으로 이뤄져 있어 수자원이 풍부할 것 같지만 인구 중에서 상수도를 통해 물을 공급받는 이들은 21%에 그친다. 하수도를 활용할 수 있는 인구는 2%에 불과하다. 따라서 인구 대부분이 안정적인 물 공급을 받기 어려운 상황이며, 그나마 공급받은 물의 대부분을 하수도가 아닌 자연에 흘려보내 재처리할 수도 없는 상태다. 소득이 낮은 농촌지역으로 갈수록 문제는 더욱 심각하다. 2010년 기준으로 도시 지역의 물 공급률은 36%이지만 농촌은 8%에 그친다는 통계가 있다.

인도네시아뿐만 아니라 필리핀, 말레이시아, 라오스, 베트남 등 대부분의 아세안 국가들의 사정은 비슷하다. 여기에 통합적인 수자원 관리 플랫폼이 없기 때문에 수해 등에 대한 대비도 약하다. 태국이나 인도네시아 등에서 홍수로 인한 이재민이 수십만 명씩 발생했다는 뉴스가 나오는 이유도 이런 배경 때문이다.

이미 한국의 수자원공사는 아세안 국가들을 공략하기 위한 작업들을 진행하고 있다. 예를 들어 미얀마에서 진행되고 있는 에야와디 강 수자원 개발 프로젝트의 경우, 수자원공사가 마스터플랜을 짜면서 동시에 농어촌공사가 강 하구 퇴적층 지역에 농업 개발 협력 계획을 추진해 오고 있다. 물과 관련된 이런 인프라 프로젝트들이 진행된다면 농업 시설을 짓기 위한 각종 공사 등에 한국 건설사와 국내 인력들이 투입될 기회가 열리게 된다.

소유하고 있는 길이로 따지면 메콩 강(약 4,200㎞)에 대한 '최대 지분(1,700㎞)'을 점유하고 있는 라오스는 수력발전 개발에 한창이다. 이웃한 태국에 전력을 수출하기도 하는 등 이른바 '아세안의 배터리'가 되겠다는 것이 라오스의 구상이다. 이 때문에 물 사업과 전력산업을 접목시킨 패키지 모델이 적합한 것으로 분석된다. 실제로 라오스에서 진행되고 있는 1조 원 규모의 세피안-세남노이 수력발전 사업은 한국서부발전과 SK건설이 공동으로 참여하고 있다. 포스코건설은 라오스 수도 비엔티안 북쪽으로 약 90㎞ 떨어진 폰홍 지역에 위치한 남릭1 수력발전소에 참여하고 있다. 남릭1 수력발전소는 용량이 6만 5,000㎾에 달하며 2017년 10월 완공 예정이다.

특히 라오스 수력발전소는 한중일 국가대항전 성격으로 진화하고 있다. 일본 간사이(關西)전력은 라오스 중부의 라오 지역에 남지엡1 수력발전소를 짓고 있다. 발전 용량 26만㎾인 남지엡1 수력발전소는 2019년부터 터빈을 돌려 전기를 공급할 예정이다. 여기에 중국이 최근 무섭게 치고 들어오고 있다. 라오스 수력발전 사업을 둘러싼 한중일 경쟁에서 승리하기 위해서는 수력발전부터 시작해 인근 지역으로 에너지를 수출하는 슈퍼그리드 구상에다 상하수도, 물 재처리 등을 연계하는 스마트 워터 그리드의 구상까지 포함시켜 발전해 나갈 필요가 있다. 범정부적 노력을 덧붙이는 '코리아 패키지'가 시급하다는 뜻이다.

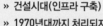

| 물 산업의 패러다임 변화 |

과거
» 건설시대(인프라 구축)
» 1970년대까지 처리되지 않은 하·폐수의 하천 유입
  ⇨ 수질오염 및 생태계 파괴: 하수도 보급율 8%
» 공공성 개념 상하수도 플랜트 건설이나 수처리 기자재 공급 중심으로 물 산업 시장 형성: 전체 시장 규모의 88%

현재
» 관리시대(공공재 ⇨ 경제재)
» 국민소득 증가 등 깨끗하고 안전한 물에 대한 수요 증가: 물 산업 패러다임 변화(공공서비스 ⇨ 민간서비스 영역 확대)
» 베올리아(프랑스 수처리 업체)나 수에즈(프랑스 에너지 기업) 등 물 전문기업의 운영관리시장 점유 34%, 베올리아의 매출 20조 원(2008년) 중 80%는 해외에서 올린 수입

미래
» 글로벌시장시대(Blue Ocean)
» 멤브레인 방식의 수처리 선진 기술을 보유하고 있는 업체를 중심으로 시장 재편 전망(물 재이용 시장 급성장(연 17% 투자액 증가 전망), 물전문기업의 서비스시장 확대 전망 등)
» 기후 변화에 따른 물 부족 심화와 인구 밀집형 메가 스마트시티 부상으로 안정적 수자원 확보 산업 대두(해수담수화 및 분산형 다중수원 확보, 스마트 워터 그리드 등)

무엇보다 한국이 글로벌 수자원 인프라 시장에서 명예회복에 빨리 나서야 할 사업은 태국 물 관리 프로젝트다. 2015년 1월 환율로 약 9조 6,000억 원 규모에 이르는 이 사업은 2013년 우리나라 수자원공사 컨소시엄이 우선협상대상자로 선정됐으나 태국에서 이듬해 5월 쿠데타가 일어나면서 모든 계약이 백지화됐다. 이후 박근혜 대통령이 정상외교 등을 통해 우선협상대상자 지위 회복을 노리고 있으나 아직 최종적인 결정은 이뤄지지 못한 상태다.

　　한국은 아세안에서의 수자원 플랫폼 성공 사례를 발판으로 인도에도 진출을 서두를 필요가 있다. 인도는 13억 인구 중 상수도망에서 물 공급을 받는 인구는 절반도 못 미치는 43%이며, 하수

| 세계 인구, 도시화율 및 연간 취수량 추이 및 전망 |

구분	세계 인구 (억 명)	도시 인구 (억 명)	도시화율	연간 취수량 (㎦)	1인당 취수량 (㎥)
1950년	25.4	7.4	29.1%	1,480	580
1975년	40.8	15.2	37.3%	-	-
2007년	66.7	32.9	49.4%	3,840*	625*
2025년	80.1	45.8	57.2%	5,000	625
2050년	91.9	64.0	69.6%	-	-

*2000년 기준의 연간 및 1인당 취수량　　　　　　　　　　　　　자료: UN, SAM

처리율은 11%에 불과하다. 2013년 기준 인도 물 시장 규모는 75억 달러에 불과하지만, 2018년까지 연 14%씩 성장할 것으로 예상되는 등 최대의 물 산업 시장이 될 가능성이 큰 곳이다.

Chapter 04

인천공항 패키지를
델리에

인도의 민자 인프라 개발회사인 GMR은 2015년 2월 한국 공항 관계자들에게 이메일을 보냈다. GMR이 운영하고 있는 델리공항과 하이데라바드공항에 한국의 지분 투자를 유치하면서 동시에 터미널 확장 공사에 참여할 의향을 타진하기 위해 CEO 간 면담을 추진하자는 내용이었다.

그러나 한국 공항 관계자들에게 GMR 측의 제안은 곤란하기 짝이 없는 일이었다. 공기업들의 불필요한 해외사업 구조조정 바람과 자원 개발 국정조사로 인한 정치·사회적 분위기 때문이었다. 게다가 비즈니스 풍토가 너무 다른 인도와의 협력 사업에 대한 내부의 회의적 시선도 많았다.

이처럼 여러 이유들 때문에 보류된 인도 공항시장의 기회는 역설적이게도 폭발적 잠재력을 갖고 있다. 또 인천공항 패키지를 인도에 수출한다면 인도 항공시장도 지금보다 훨씬 높은 발전을 이룰 가능성이 높다. 상생모델 구축이 가능한데 손뼉이 맞지 않는 셈이다.

영국 왕립건설협회(CIOB)가 2014년 말 발간한 〈항공 교통의 미래(*The Future of Air Transport*)〉 보고서에 따르면 델리에 위치한 인디라 간디 국제공항은 2030년에 연간 1억 명의 여행객을 수용하는 글로벌 10위권 공항으로 떠오를 전망이다. 인도 정부는 2020년까지 국내선 항공 이용객은 3억 6,000명으로 늘어나고 국제선은 9,000만 명으로 증가할 것으로 내다보고 있다. 이 전망대로라면 인도는 미국, 중국에 이은 세계 3위 항공시장이 된다. CIOB는 2015년 이후 6년간 인도 항공 이용 승객이 10%씩 증가할 것으로 보고 있다. 델리공항은 이처럼 성장하는 인도 항공시장의 중심에 있다. 인도 대표 국제공항인 데다 2021년까지 4번째 활주로를 증설하고 2026년까지 터미널 4개를 더 짓겠다는 구상을 갖고 있다.

2030년 아시아 공항 이용객 순위 예측		
1위	두바이	2억 명
2위	이스탄불	1.5억 명
3위	쿠알라룸푸르	1.3억 명
4위	방콕	1.25억 명
5위	베이징	1.2억 명
6위	싱가포르	1.11억 명
7위	자카르타	1.11억 명
8위	델리	1억 명
9위	롱탄(베트남)	1억 명
10위	인천	1억 명
11위	홍콩	9,700만 명

자료: 영국 왕립건설협회(CIOB)

델리공항 등에 대한민국의 공항 건설 및 운영 노하우를 수출한다면 그 나라 항공시장에도 기여할 수 있는 잠재력 또한 매우 뛰어나다는 것이 전문가들의 평가다. 이복남 서울대 산학협력중점교수는 "다른 나라 공항 관계자들은 어떤 수단을 써서라도 계획에서부터 운영에 이르는 인천공항의 지식과 경험을 사고 싶어 한다"며 "건설에 참여했던 설계회사, 건설회사, 자재제작업체들도 그 경험을 해외 시장에서 상품화시키려는 의지와 희망을 갖고 있다"고 말했다.

예를 들어 인천공항 건설 경험을 갖고 있는 유신코퍼레이션은 이 경험을 바탕으로 필리핀공항 활주로 설계에 참여할 수 있었다. 인천공항 설계 경험이 있는 까치설계에는 싱가포르 창이공항에서 찾아와 확장 공사 입찰 참여 요청을 제안받기도 했다.

이복남 교수에 따르면 인천공항이 경쟁력과 상품성을 갖는 분야는 약 10가지 정도다. 가장 먼저 공항 운영 노하우가 뛰어나기 때문에 서비스 품질이 우수하다는 점이다. 이는 인천공항이 10년 연속 ASQ(Airport Service Quality) 평가에서 세계 1위를 수상했다는 사실이 증명하고 있다. 10년 연속 1위에 오른 것은 세계 1,800여 개 공항 중 인천국제공항이 유일하다. 인천국제공항에 밀려 싱가포르 창이공항은 2008년부터 7년 연속 2위 자리에 머무르고 있는 실정이다.

이 밖에도 공항 건설 계획, 건설 조직 및 사업 관리, 공항 설계, 공항 용지 조성 작업, 여객청사 설계와 시공, 활주로 설계와 시공, 관제탑 정보통신 시스템 설계와 시공, 공항 건설에 필수적인 핵심기술, 공항 내부에 들어가는 주요 설비 등이 모두 상품화가 가능한 사업 분야들이다.

하지만 건설사, 설계사 등이 부분적으로 참여해서는 시장 개척에 한계가 있다. 공항을 패키지 상품화해서 해외에 팔아야 하는데 그걸 못하고 있다는 것이 이 교수의 지적이다. 당장 델리공항의 경우에도 건설 사업비만 48억 달러, 한국 돈으로 약 5조 원이 필요하고 배후지 개발 등에 따른 지분인수까지 고려하면 약 50조 원이 들어갈 것으로 추산된다. 델리뿐만 아니라 향후 비슷한 공항 지분인수 사업들이 줄지어 나올 것으로 예상되는데 여기에 소요되는 금융을 조달하기 위해서는 정부 내에서 유기적 협업이 이뤄져야 한다. 그러나 이를 주도하는 주체가 없다는 것이 한국의 최대 문제점으로 꼽힌다. 이를 위해서는 인천공항공사나 한국공항공사가 주도적으로 공항 패키지 상품을 개발하여 체계적으로 해외에 진출할 필요가 있다.

| 공항 패키지 상품 개발 추진 방향 |

» 제1단계
· 계획 수립

» 제2단계 세일즈 프로그램 개발
· 세일즈 프로그램 개발
· 프로젝트 파이낸싱 패키지 개발
· 참여 기관 공동 출연

» 제3단계
· 대상 지역별 로드쇼 및 영업

Chapter 05

미래 메가프로젝트 I
라오스-베트남 연결 철도

　라오스는 인도차이나반도 중앙 내륙 국가로서 바다를 이용하는 데 어려움이 있다. 반드시 이웃 나라 항구를 이용해야 하는 상황이다. 이에 따라 라오스 정부는 2001년 베트남 정부와 협정을 맺고 베트남 중북부에 위치한 붕앙(Vung Anh) 항구 사용권을 확보했다. 그리고 2010년에는 베트남-라오 붕앙항만공사를 설립했다. 항만공사까지 설립된 상황에서 라오스-베트남 연결 철도가 놓이게 되면 라오스의 해상 교역은 한층 편리해지고 인적·물적 교류도 늘어나 경제 발전에 도움을 줄 것으로 보인다.

　라오스-베트남 철도 연결 구상은 이미 1995년 아세안 정상회의에서 처음 나왔다. 당시 제시된 인도차이나반도 철도 연결 계획인 SKRL(Singapore-Kunming Rail Link) 중 하나로 라오스-베트남 연결 철도가 포함된 것이다. 그리고 2009년 하노이에서 열린 한·

아세안 정상회의에서는 아세안 10개국과 한국이 공동 수행할 18개 사업 중 하나로 선정되기도 했다.

2011년과 2012년에는 베트남 정부가 우리 정부에 타당성조사(F/S)를 의뢰했으며 2013년에는 라오스 정부도 코이카에 타당성조사를 의뢰했다. 이에 우리 정부에서는 2014년 코이카 인원과 전문가를 현지로 보내 사전조사를 실시했으며 코이카 무상원조 자금 300만 달러를 투입하는 타당성조사를 현재 앞두고 있다.

| 사업 개요 |

» **프로젝트명** 라오스-베트남 연결철도 사업
» **구간** 라오스 비엔티안~타케크~무디아~베트남 붕앙(550km)
» **총사업비(추정)** 20~30억 달러
» **발주처** 미정
» **현 단계** 코이카(KOICA) 타당성조사 예정(300만 달러)

| 라오스-베트남 고속철도 구간 |

이 프로젝트의 총 사업비는 20~30억 달러에 이를 것으로 추정되며 타당성조사를 통해 철도 연결의 필요성과 경제적 효과, 미래 가치 등을 라오스와 베트남 정부에 각인시키는 것이 무엇보다 중요하다.

무상원조 사업은 실제 프로젝트 수주와 연결될 수 없다. 하지만 우리 정부가 원조자금으로 타당성조사까지 마친 사업이라면 우리 기업들 참여가 그렇지 않은 사업보다 용이할 것으로 보인다. 여기서 코리아 패키지가 가동되어야 한다. 정부가 원조자금으로 앞에서 끌어줬다면 프로젝트를 수주하기 위해 금융기관과 건설회사 등이 그 뒤를 든든하게 받쳐줘야 한다.

서두르지 않으면 이 사업도 중국 등 다른 나라에 넘어갈지 모른다. 이미 중국 정부는 중국과 라오스 연결 철도에 72억 달러를 지원하기로 약속했다. 태국과 라오스 연결 철도 사업은 태국 정부가 사업비 지원을 검토하고 있다. 라오스-베트남 연결 철도 사업자만 아직 정해지지 않은 상황이다. 라오스 정부와 베트남 정부 모두 원하는 프로젝트라는 점에서 우리가 한발 앞서서 뛰지 않으면 다른 나라나 기업에 뺏길지도 모른다.

Chapter 06

미래 메가프로젝트 II

베트남, 말레이시아 원전

한 차례 공사를 수주하면 약 10조 원 이상의 수주액이 발생하는 원자력 발전소 건설 공사. 여기에 대한민국의 노하우를 활용해 운영 서비스까지 수주할 경우 추가로 10조가량의 서비스 수주액이 들어오는 효자 상품이다. 한국은 2009년 아랍에미리트 원전 수주를 계기로 글로벌 원전 강국으로 확고히 부상했다. 2015년에는 사우디아라비아에서 중소형 원전을 수주하는 승전보가 날아오기도 했다. 이에 따라 한국 정부는 아시아 지역에도 다수의 원전 수출을 위한 기회들을 엿보고 있다.

대표적인 나라가 베트남이다. 응웬떤중 베트남 국가주석 시절부터 공을 들이기 시작해서 새로 짓는 원전 5·6호기의 예비타당성 조사를 대한민국이 진행했다. 베트남 원전 1·2호기를 일본이, 3·4호기를 러시아가 가져갔기 때문에 한국 정부(산업통상자원부)로서는 이번 기회를 잡아야 한다는 압박이 상당하다. 2014년 12월 9일 서울에서 열린 제5차 한-베트남 공동위원회에서 윤상직 산업통상자원부 장관은 베트남의 인프라 발전을 위해 한국 정부가 기여하겠다는 뜻을 강하게 밝혔다. 이 행사에서는 베트남 원전과 한국의 원전 기술에 대한 논의가 중점적으로 진행됐다. 한국수력원자력은 한국 표준형 원전의 운전 및 성능 시험 등을 위한 프로그램을 베트남 남부 달랏대학교에 지원하겠다는 내용을 발표하기도 했다. 한국 원자력 기술을 베트남 학계에 퍼뜨리고 공동 연구도 지원하면서 베트남 원전시장 진출을 겨냥하겠다는 포석으로 받아들여진다. 베트남의 달랏대는 그동안 원자물리학 분야에서 약 700명 이상의 인력을 배출한 기관이다.

말레이시아의 원전 또한 한국 정부가 기회를 노리고 있는 시장이다. 약 31억 달러를 들여 짓는 말레이시아의 상용 2기 원전은 2016년 또는 2017년 발주가 이뤄질 것으로 예상된다. 완공 목표 시점은 2025년. 2014년 12월 열린 한-아세안 정상회의에서 박근혜 대통령은 나집 라작 말레이시아 총리와 정상회담을 갖고 원전 수주 문제를 중점적으로 논의했다. 박 대통령은 말레이시아 신규 원전 사업에 한국이 참여하기를 희망했고 라작 총리는 한국의 우수한 원전 기술에 대해 잘 알고 있다고 원론적인 답변을 내놓았다.

한국은 1959년 미국의 지원으로 원전 기술 개발을 시작한 지 50년 만인 2009년 12월 요르단에서 1,400㎽ 규모 연구용 원전 건설 사업을 수주하면서 원전 수출의 첫발을 디뎠다. 뒤이어 같은 달 아랍에미리트로부터 총 400억 달러(47조 원) 규모의 원전 (APR1400) 4기 건설 공사를 수주하면서 본격적인 상업용 원전 수출에 돌입했다. 이후 태국과 말레이시아에서도 연구용 원자로 구축 사업을 수주했으며 터키, 아르헨티나 등과도 원전 사업을 추진 중이다. 세계 원전시장은 전통적인 원자력 강국인 미국, 프랑스, 캐나다에 이어 러시아, 일본 등이 가세하면서 경쟁이 치열해지고 있으며, 최근 중국까지 원전 수출에 뛰어들 채비를 하고 있다.

문제는 원전 수출에 있어서도 한국의 강점을 제대로 살리기 위해서는 금융이 결합된 패키지화(化)가 필요하다는 점이다. 수십조 원의 자금을 필요로 하는 원전 프로젝트는 기술력이나 시공 경험보다 금융 조건이 가장 중요한 요소로 바뀌고 있다. 발주국의 재정이 아무리 튼튼하더라도 시공자가 직접 금융을 조달하는 방식이 많아지고 있기 때문이다. 아랍에미리트 원전 수주 당시에 대한민국이 경쟁자(또는 경쟁국)들을 물리칠 수 있었던 이유도 유럽계 금융회사들이 당시까지 저금리에 자금 지원을 해

줄 수 있었기 때문이었다.

그러나 상황이 많이 변하고 있다. 재정 여력이 충분하다고 하는 중동도 유가 하락 등을 이유로 본인들의 재정 부담을 꺼리는 분위기다. 중동을 제외한 아시아 대다수 국가들은 재정 여력이 충분하지 않은 상황이라 시공자가 민간자금을 끌어와서 공사를 해 준 다음 원전에서 발생하는 에너지 가격을 지불함으로써 시공자의 공사비를 충당해 주는 방식(민자사업)을 선호한다. 즉 한국 기업들이 원전을 지으면서 투자를 하여 비교적 고수익을 추구하는 사업 형태가 향후 원전 프로젝트의 주종을 이룰 것이라는 얘기다.

결국 원전 사업을 수주하는 이들이 얼마나 싼 자금으로 돈을 빌려와서 원전을 짓느냐에 따라 수익이 천차만별로 달라진다. 이 때문에 경쟁국들은 해외 원전시장 선점을 위해 자국의 수출신용기관들을 앞세워 금융을 제공하고 있다. 예를 들어 일본은 베트남 원전 1·2호기를 지을 당시 총 사업비의 85%를 자국의 수출신용기관인 일본국제협력은행(JBIC)을 통해 지원하겠다고 밝혔다. JBIC는 우리나라로 치면 한국수출입은행과 대외경제협력기금을 합한 개념의 해외 개발 전문 금융공사다. 낮은 금리의 정부자금이 사업비로 들어온다면 원전 수주에 나서는 기업들의 수익률은 올라갈 수밖에 없다. 기업들의 이익은 경제의 윤활유다.

기업들이 해외 수주를 많이 하게 되면 일본 자국의 경제도 살아날 수밖에 없기 때문에 일본 정부도 과감하게 국민 세금으로 조성된 해외원조자금을 원전에 투입하는 것이다.

원전을 짓겠다고 하는 아시아 국가들도 입찰에 응하는 국가들이 얼마나 많은 자금을 갖고 사업을 지속적으로 운영할 수 있는지를 중요하게 평가한다. 건설비와 운영비가 많이 확보돼 있지 않은 사업자에게 원전을 맡긴다는 것은 어불성설이다. 중간에 원자로가 중단되기라도 한다면 자국 내 정치적 문제도 커진다. 외환보유고도 우리보다 많고 자국 화폐가 역내 기축통화 구실을 이미 하고 있는 중국, 일본이 대한민국에 대해 강점을 가질 수밖에 없는 이유다.

결국 한국의 뛰어난 원전 기술은 금융이 뒤쳐져서는 제 힘을 발휘할 수 없다. 아랍에미리트 원전 수주 때는 유럽 금융기관들이 한국을 받쳐줬기 때문에 수주가 가능했다. 그러나 현재는 물론 향후에도 더 이상 유럽 금융기관들의 힘을 빌리기란 힘들다. 이를 감안한다면 원전 역시 한국의 금융 역량이 덧붙여진 '코리아 패키지' 전략을 써야만 지속적인 수주가 가능하다는 결론이다. 원전 수주 역시 본질은 금융이다.

PART

05

인프라 강국을 위한
두 번째 열쇠,
리더십

Chapter 01

AIIB 북한 가입
이끌어 내자

아세안~동북아로 이어지는 V라인 동쪽 날개는 한국이 강대국
들 간 갈등을 조정하면서 리더십을 발휘해 만들어 가야 하는 시
장이다. 가만히 있다고 주어지는 시장이 아니라 적극적으로 개
척해야 하는 시장이다. 특히 미국과 중국 이른바 G2 국가 간 경
쟁이 자칫 지정학적 충돌로 비화될지 모른다는 우려가 있기 때
문에 한국이 리더십을 발휘해 '윈-윈(win-win) 모델'을 마련해야
한다는 분석이다.

리더십을 발휘하기 위한 당면 과제는 중국이 주도하는 아시
아인프라투자은행(AIIB) 참여를 확정 짓는 일이다. 우리 정부는
중국 측 제안을 받고 수개월간 고심하다 2015년 3월 26일 AIIB
에 가입하기로 결정하고 이를 중국 정부에 공식 통보했다.

AIIB는 낙후된 아시아 개발도상국 인프라스트럭처 투자와

개발을 목적으로 중국 주도로 새롭게 설립되는 다자개발은행 (MDB)이다. 시진핑 중국 국가주석은 2013년 10월 밤방 유도 요노 인도네시아 대통령과 회담하면서 처음 설립을 제안했고 2014년 10월에는 중국 베이징에서 21개국이 AIIB 창립 양해각 서(MOU) 체결식을 가졌다. 2015년 초 뉴질랜드가 가입하면서 가입 열기가 달아올랐고 3월 초에는 영국, 프랑스, 독일, 이탈리 아 등 서방 국가들이 대거 참여하기로 하면서 우리 정부로서도 AIIB 설립을 반대해 온 미국 눈치를 보느라 가입을 더 늦출 수 없는 상황에 처했다. 창립회원국으로 참여하지 못할 경우 2020

아시아인프라투자은행(AIIB) 개요	
역사	2013년 10월 시진핑 中 국가주석 공식 제안 2014년 10월 21개국 MOU 체결식 2015년 3월 말 창립회원국 모집 마감 2015년 말~2016년 초 출범(예정)
설립 배경	아시아 개발도상국 인프라 투자
가입국	창립회원국 57개국
자본금	500억 달러(향후 1,000억 달러로 확대)
지분율	중국 20~40%로 최대 주주, 거부권 확보
지배 구조	총회, 이사회, 사무국
운영 원칙	포용성, 개방성, 투명성, 공정성

년까지 연간 7,300억 달러, 총 8조 2,000억 달러에 이를 것으로 추정되는 거대한 아시아 인프라 시장에서 소외될 수 있기 때문이다.

우리 정부가 AIIB 가입 결정을 내리면서 북한 인프라 개발에 대한 관심도 뜨거워지고 있다. 미국이 주도하는 아시아개발은행(ADB)이나 세계은행(WB)은 지금까지 북한 개발에 전혀 관심을 가지지 않았지만 AIIB는 북한의 오랜 우방국가인 중국이 주도하고 우리 정부가 ADB, WB와 달리 주요 주주로 참여할 예정이기 때문에 상황이 크게 달라졌다. 최희남 기획재정부 차관보는 2015년 3월 27일 브리핑에서 "AIIB는 총회 승인을 거치면 비회원국에도 자금을 주고 투자할 수 있도록 하고 있어 북한도 AIIB의 투자 지역이 될 수 있다"고 밝혔다.

브래들리 뱁슨 전 WB 부총재는 2015년 5월 26일 북한 전문 웹사이트 '38노스'에 기고한 글에서 "국제사회가 신중한 전략을 세우면 AIIB를 북한에 대한 생산적 관여의 새로운 도구로 삼을 수 있다"고 주장했다. 북한이 정식 회원국은 아니지만 AIIB 자금 지원 등을 통해 인프라 개발 필요성을 충족시켜 주고 그 반대급부로 정치적으로 한반도 비핵화, 경제적으로 북한의 개혁개방을 이끌어 내자는 뜻으로 풀이된다. 국내 학계에서도 북한 또는 북한과 중국의 접경 지역이 AIIB 시범사업 최적지라는 주장도 제기되고 있다.

매일경제는 우리 정부가 AIIB 가입을 공식 발표하기 일주일 전인 2015년 3월 19일 남북한이 동시에 AIIB에 가입해야 한다고 주장한 바 있다. 당시 우리 정부는 내부적으로는 AIIB 가입 결정을 내렸지만 AIIB 설립에 반대하는 미국, 일본 등 우방국가를 설득하고 박근혜 대통령이 추진하는 동북아개발은행(NEADB) 동력을 유지하기 위한 해법을 찾지 못해 발표를 미루고 있었다. 특히 우리 정부는 아시아 역내에 일본이 주도하는 ADB가 이미 있는 상황에서 중국이 주도하는 AIIB까지 설립될 경우 NEADB가 사실상 무력화되지 않을까 크게 우려한 것으로 전해졌다.

이런 제반 여건을 고려해 매일경제는 AIIB 가입 명분도 살리고 동시에 북·중·러 접경 지역부터 시작해 종국에는 북한 인프라 개발을 목적으로 하는 NEADB 불씨를 꺼트리지 않는 묘책으로 남북한이 동시에 AIIB에 가입할 것을 제안한 것이다.

매일경제 국민보고대회팀의 연구가 한창이던 1월까지만 해도 AIIB 남북 동시 가입 여건은 비교적 나쁘지 않았다. AIIB 설립을 주도하고 있는 중국 측은 북한 가입을 반대할 명분이 마땅히 없었다. 북한은 아시아 어느 나라보다도 인프라가 취약하기 때문이다. 북한이 유일하게 참여하는 국제금융기구가 본인들이 주도하는 AIIB라는 사실을 중국이 마다할 이유도 없을 것으로 내다 봤다.

더욱이 중국은 북한 인프라 개발에 꾸준히 큰 관심을 가져 왔다. 중국은 우리 정부가 추진하는 NEADB를 지지한다고 밝혔고 동시에 북·중·러 접경 지역인 두만강 유역을 공동 개발하는 광역두만강개발계획(GTI)에도 참여하고 있다. GTI 회원국은 현재 우리 정부와 중국, 러시아, 몽골 등 4개국이다. 2014년 9월에는 4개국 공적수출신용기관(ECA)이 모여 프로젝트를 발굴하고 공동으로 실행하기 위해 '동북아 수은협의체'를 만들기도 했다. 즉 중국은 AIIB라는 국제금융기구를 통해 남북통일 시점에 북한 인프라 개발에 직간접으로 영향을 행사하려고 달려들 것으로 보였다.

김정은 노동당 제1비서 등 북한 엘리트 집단을 설득하는 과정도 어렵지 않을 수 있다는 결론을 내렸다. 북한은 지금까지 수차례 미국과 일본이 주도하는 아시아개발은행(ADB) 가입을 추진했으나 번번이 뜻을 이루지 못했다. 우리 정부로서는 북한의 AIIB 가입을 돕는 대신 2009년 탈퇴한 GTI 재가입을 이끌어내는 전략을 취하는 것도 가능하다. 이와 관련해 통일준비위원회는 2014년 북한의 GTI 재가입을 추진하겠다고 밝혔다.

박근혜 정부가 추진하는 NEADB를 살리는 길도 남북한 동시

	주요 국제금융기구 현황		
	IBRD	ADB	AIIB(예정)
설립 연도	1945년	1966년	2015년 말
가입국	188개국	67개국	57개국
자본금	2,079억 달러	1,628억 달러	1,000억 달러
최대 주주	미국(16.9%)	일본(15.7%)	중국(20~40%)
한국 지분율	1.7%	5.1%	3~4%

2015년 5월 기준

가입에 있다고 판단했다. 2011년 기준으로 ADB의 동아시아 자금 지원 비중은 10%에도 못 미친다. 대부분 동남아시아와 남아시아 개도국에 집중되고 있다. AIIB 역시 미얀마, 라오스, 캄보디아, 베트남 등 아세안 개도국 인프라에 집중적으로 투자할 것으로 보인다. 즉 AIIB가 탄생하다고 해도 북한을 포함한 동북아 인프라에 대한 투자를 위해서는 또 다른 MDB가 필요하다는 뜻이다.

이와 관련해서 국토연구원에 따르면 지금 당장 북한에 필요한 11개 핵심 인프라 프로젝트를 시작할 경우 10년간 약 100조 원 투자가 필요하다. 그 밖의 통일 비용이 적게는 수백 조 원에서 2,000~3,000조 원에 이를 것으로 추정되기 때문에 우리 정부 혼자 감당하는 것은 불가능하다. 남북 동시 가입으로 NEADB에 중국의 적극적인 참여를 이끌어내고 동시에 AIIB에 부정적인 미국과 일본까지 참여시켜 중국을 견제하는 역할을 맡기는 그림을 그릴 수 있다.

일단 우리 정부 먼저 가입하는 것으로 결론이 났지만 북한 개발 주도권을 놓치지 않고 NEADB 설립 명분을 찾기 위해서라도 북한을 AIIB에 가입시켜야 한다. 남북한 순차 가입은 동시 가입보다 극적인 효과가 떨어지고 파장이 크지 않겠지만 그렇다고 AIIB가 북한을 배제하도록 해서는 곤란하다. 천문학적인 북한 개발 비용을 우리 정부나 NEADB가 전부 조달하기는 어렵다. AIIB나 ADB 협조가 절실하다.

하지만 일부 외신 보도에 따르면 중국은 북한의 AIIB 가입을 거부했다. 최대 주주인 중국이 북한 가입을 반대한 이상 협정문 작업이 무엇보다 중요하다. 협정문에서 지원 대상에 북한이 빠지지 않도록 외교적 노력을 기울여야 한다. AIIB를 통한 북한 인프라 개발은 통일 시대를 대비하는 우리 정부 입장에서도 최우선 과제가 아닐 수 없다. 이 경우 AIIB를 통한 북한 인프라 구축에 우리 기업이 참여하는 것도 가능하다.

Chapter 02

서울~베이징 일일생활권
실현하는 한반도 고속철도

2014년 중국 측 한 사업자가 북한 국가경제개발위원회와 개성-신의주 고속철도 건설 계약을 체결한 사실이 언론을 통해 보도됐다. 총 376㎞ 구간으로 총 사업비는 240억 달러로 알려졌다. 1차로 신의주~동림(40㎞), 연안~개성(40㎞)을 연결하고 2차로 동림~평양(147㎞), 평양~연안(149㎞)을 각각 연결한다는 계획이었다. 건설 기간은 6년이고 사업자가 30년간 운영한 뒤 북측에 운영권을 넘겨주는 민자방식(BOT, Build Operate Transfer)으로 사업을 진행한다는 구상이었다.

하지만 이 프로젝트는 중간에서 한국 기업 참여를 이끌어내는 작업을 하던 브로커가 중국 공안에 체포되면서 잠정 중단된 상태다. 한 언론 보도에 따르면 이 브로커는 2014년 5월께 체포됐다가 그해 12월 석방됐다.

이처럼 북한 고속철도 프로젝트는 구체적인 계약 단계까지 진행될 정도로 이미 상당 부분 조사와 연구가 되어 있다. 필요성에 대해서도 공감하는 여론이 많지만 우리 정부가 천안함사태 이후 5·24 대북제재 조치를 취하면서 우리 기업 참여가 원천 봉쇄되어 있어 어떤 사업자도 꿈도 꾸지 않는 실정이다.

하지만 한반도 고속철도 사업은 더 이상 꿈이 아니다. 5·24 조치도 우리 정부가 의지만 가지면 언제든 해제할 수 있다. 남북 관계가 급격히 좋아지는 상황까지 굳이 가지 않더라도 통일시대를 준비하는 차원에서라도 한반도 고속철도 사업에 대한 구체적인 비전은 가지고 있어야 한다고 전문가들은 말한다. 북한이 적극적으로 나왔을 때 우리가 주저하는 사이 중국이나 러시아가 사업권을 가져가는 일은 통일 이후를 생각해서라도 바람직한 방향이 아니다.

중국과 북한 사이에 논의된 개성-신의주 고속철도는 서울-신의주 고속철도(한반도 고속철도) 프로젝트와 크게 다르지 않다. 출발역이 개성역이 되느냐 서울역이 되느냐는 차이일 뿐이다. 개성과 서울 사이의 거리는 50㎞에 불과하다. 한반도 고속철도 프로젝트는 이미 부산에서 서울까지 연결된 KTX를 평양을 거쳐 신의주까지 1단계로, 압록강을 사이에 둔 신의주~단동 구간을 2단계로 연결하면 완성된다.

중국은 2015년 8월께 선양-단둥 고속철도를 개통할 예정이고 이르면 2019년 베이징~선양 구간까지 개통할 예정이다. 만약 지금 사업을 시작한다면 2020년대엔 부산부터 베이징까지 모두 고속철도로 연결되는 셈이다. 물론 철도 표준은 KTX가 된다. 중국 정부가 베이징부터 단둥까지 3시간을 목표로 하고 있어 전부 개통되면 베이징부터 서울까지 1,700㎞ 고속철도 구간은 6시간 거리로 좁혀진다. 중국 대규모 관광객이 베이징-서울 고속철도를 타고 이동하는 시대를 앞당길 수 있다. 부산에서부터 베이징까지 고속철도를 이용한 원스톱 물류망 구축도 가능하다.

나희승 한국철도기술연구원 대륙철도연구팀장은 "중국은 물론 러시아도 오래전부터 북한 철도 연결에 관심이 많다"며 "대륙 철도와 연결하기 위해서는 북한이 유일한 미연결구간(미싱링크)이자 큰 사업 기회이기 때문이다"라고 말했다. 나 팀장은 "서울-신의주 고속철도를 복선으로 건설하기 위해서는 북한 인력과 토지비 등을 고려하면 8조 원 정도 사업비가 들겠지만 우리 건설사가 참여할 경우 경부선 KTX 총사업비(20조 2,939억 원)와 비슷한 수준이 될 것"이라고 내다봤다.

한반도 고속철도는 대한민국 정부가 리더십을 발휘할 수 있는 핵심 프로젝트로 꼽힌다. 남북 상황을 고려할 때 중국이나 일본,

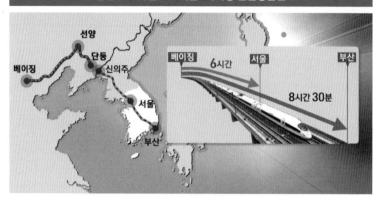

| 한반도 고속철도로 서울~베이징 일일생활권 |

러시아가 이 사업에 뛰어들기는 어렵다. 중국이 가장 큰 관심을 보이고 있다고 하지만 전문가들에 따르면 김정은 정권 들어 관계가 껄끄러워진 상황에서 북한이 중국에 고속철도 사업권을 줄 가능성은 매우 낮다.

이 프로젝트는 일부 우리 정부 예산이 투입되겠지만 민간투자로 진행될 수밖에 없다. 향후 운영을 맡을 코레일도 일부 지분에 투자해야 할 것이다. 30년 또는 50년간 독점 운영권을 코레일이 가져온다고 해도 과연 수익이 날 것인지에 대해서는 회의적인 시각이 많다. 승객 안전성이 확보되지 않는 상황에서 과연 고속철도가 개통한다고 얼마나 많은 사람이 열차를 이용할 것인지 의문도 제기된다. 중간중간에 역이 설치된다고 해도 관광, 비즈니스와 연계되지 않을 경우 텅 빈 고속열차만 레일 위를 달릴지도 모른다.

반면 중국 관광객 수요가 배와 비행기에서 고속철도로 분산될 수 있다는 주장도 있다. 한 해 우리나라를 찾는 중국인 관광객은 2014년 기준으로 600만 명이 넘는다. 2020년대 중국인 관광객 1,000만 명 시대가 올 경우 한반도 고속철도를 이용하는 중국인 관광객도 크게 늘 것으로 보인다. 한반도 고속철도가 중국인 관광객 수요를 낳는 촉매제가 될 수도 있다.

여객은 물론 물류 부분에서 효과는 더 극대화될 것으로 보인다. 정확한 통계는 없지만 대부분 배나 비행기로 이뤄지는 중국과의 교역은 고속철도가 개통될 경우 획기적으로 늘 수 있다. 고속철도를 이용한 물류 운송은 배보다 빠르고 비행기보다 운임이 저렴하기 때문이다. 일본 또한 중국까지 물류 운송을 위해 한반도 고속철도 이용이 가능하다. 한일 해저터널이 뚫린다면 일본 도쿄부터 베이징까지 고속철도로 연결되는 날이 올 수도 있다.

한중일 3국 로밍프리로
'모바일 원아시아' 인프라 초석

2014년 2월 유럽연합(EU) 집행위원회(EC)는 흥미로운 조사 결과를 발표했다. EU 시민 2만 8,000명을 대상으로 국경 간 이동 때 휴대전화 이용 패턴을 물어보니 47%는 "모바일 인터넷을 사용할 의사가 없다"고 답했다. 10명 중 1명만이 자국에서와 똑같이 휴대전화로 이메일 등 인터넷을 사용할 것이라고 답했고 20명 중 1명만이 해외에서도 소셜네트워크서비스(SNS)를 이용할 것이라고 답했다. 더 충격적인 것은 "해외에서 휴대전화 전원을 아예 끄고 사용하지 않겠다"는 응답자가 무려 26%나 되는 것으로 나타났다는 사실이다. 유럽처럼 국경 이동이 많은 곳에서도 로밍 요금제 때문에 이 같은 자발적 통신 제한 조치가 이뤄지고 있다는 사실이 놀라울 따름이다.

충격적인 조사 결과에 EC 고위관계자는 "과도한 로밍 요금 때문에 상당수 EU 회원국 국민들이 국경을 넘을 때 전화기 전원을 끄고 있다"며 "이는 유럽 통신산업 발전에도 아무런 도움이 되지 않는다. EU와 같은 단일 시장에서 로밍이라는 개념은 비상식적이다"라고 통신사업자들을 향해 일침을 가했다.

이 같은 조사와 발언은 그동안 EU 차원에서 논의되어 온 로밍 요금 규제에 기름을 부었고 마침내 EU 회원들은 2016년까지 역내 로밍 요금제를 폐지(로밍프리)하기로 합의했다. 유럽 단일 통신시장 시대가 본격적으로 펼쳐지는 것이다. EU에서는 로밍이라는 개념이 역사 속으로 사라질 날이 멀지 않았다. 데이비드 캐머런 영국 총리는 2014년 독일 하노버에서 열린 정보통신박람회(CeBIT) 기조연설에서 '하나의 디지털 유럽'을 만들겠다고 공언하기도 했다.

유럽에서 촉발된 로밍 요금제 폐지는 아시아에서도 구현하지 못할 이유가 없다. 특히 동남아시아 국가들이 아세안경제공동체(AEC)를 출범하며 통합에 속도를 내고 있고 동북아시아에서는 한중일 3국 간 교류 협력이 활발하게 전개되고 있어 로밍프리를 통한 '모바일 원아시아'는 더 이상 구호로만 그칠게 아니라 구체적인 협의에 들어가야 할 시점이다.

마침 4G 시대가 저물고 이보다 1,000배 빠른 5G 시대가 도래

| 한중일 모바일 원아시아 인프라 실현 |

2020년 한·중·일
로밍프리 인프라 구축

EU 2016년
로밍요금
폐지

하고 있다. 한중일 3국 간 5G기술표준 선점 경쟁이 치열하다. 5G 시대가 오면 4G로는 많은 제한이 따랐던 스마트폰을 통한 빅데이터 이용과 사물인터넷(IoT) 구현도 가능할 것으로 전문가들은 내다보고 있다. 말 그대로 스마트폰 한 대만 있으면 지금보다더 많은 작업을 효율적으로 할 수 있고 편리하게 공공서비스를 이용할 수 있는 시대가 펼쳐지는 것이다.

업계에서는 5G 상용화 시점을 2018년 평창동계올림픽으로 설정하고 있다. 5G가 기술표준이 정해지고 보편화되는 시점은 2020년이 유력하다. 5G 확산 시점에 맞춰 아시아에서도 로밍프리 인프라를 구축해 적어도 물리적 국경은 있지만 모바일 국경은 제거해 모바일 원아시아를 앞당기는 준비를 할 때다.

당장 아시아 전역에서 로밍 요금을 폐지하기 어렵다면 지리적으로 가깝고 교류 협력이 활발한 한중일 3국부터 5G 시대에 맞춰 시행하는 것도 방법이다. 이 같은 리더십은 5G기술표준을 선점할 때 발휘하기 쉽다. 따라서 무엇보다 5G기술표준을 선점하는 일이 중요하다. 5G기술표준 안에 로밍프리를 반영하는 것도 방법이 될 수 있다.

로밍프리는 모바일 원아시아로 가는 핵심 원동력이지만 이것만으로는 부족하다. 넘어야 할 장벽이 많다. 빅데이터 처리와 활용이 관건이다. 한중일 3국은 지리적으로 가깝고 기술 격차도 거의 없기 때문에 문제될 게 없다. 하지만 한중일을 넘어 경제 격차가 크고 지리적 근접성이 떨어지는 동남아시아와 중앙아시아까지 모바일 국경을 제거하고 언제 어디서나 빅데이터에 접속할 수 있도록 하기까지는 많은 시간이 걸릴 수 있다. 이와 관련해 장대환 매경미디어그룹 회장은 2014년 12월 세계정책회의(WPC)에 참석해 "아시아에서 빅데이터 산업을 육성하고 경제 및 교육 격차를 줄이기 위해서는 수학, 과학, 엔지니어링, 기술 등 STEM 교육을 강화해야 한다"며 "모바일 원아시아를 구현하기 위해 각국 정부와 기업, 시민단체 등이 참여하는 'STEM 이니셔티브'를 창설하자"고 제안한 바 있다.

Chapter 04

아시아판 문화·관광 수도
프로젝트 추진

아시아의 통합과 번영을 위한 문화·관광 인프라 구축도 한국이 리더십을 발휘할 수 있는 대표적 프로젝트로 꼽힌다. 아세안과 인도 등은 다양한 문화와 전통을 갖고 있어 관광 자원이 풍부하지만 숙박시설 등 관광 인프라가 열악해 접근성이 떨어진다. 예를 들어 한 해 인도를 방문하는 외국인 관광객 수는 2013년 기준 697만 명으로 2014년 한 해 한국을 방문한 외국인 관광객인 1,420만 명의 절반 수준이다. 그만큼 문화·관광 인프라 시장 잠재력이 크다는 분석이다. 특히 문화·관광 인프라 구축은 아시아 국가들의 체제와 경제력 그리고 생활양식의 차이 등을 극복해 아시아 통합, 즉 '원아시아(One Asia)'를 더욱 가속화할 수 있다는 의미도 있다.

이러한 차원에서 매일경제는 유럽연합(EU)이 매년 시행하는

'유럽 문화 수도(European Capital of Culture)' 프로젝트를 본뜬 '아시아판 문화 수도'를 한국 주도로 추진할 것을 제안했다. '유럽 문화 수도'란 EU가 1985년부터 매년 유럽 도시 한두 곳을 선정해 1년간 집중적으로 문화행사를 전개하도록 지원하는 프로젝트를 의미한다. 문화 수도는 기능화된 정치·행정 수도와 달리 예술, 생활, 정신문화 등 지역의 고유성과 특수성을 보여줄 수 있다는 점에서 의미가 있다. 특히 '유럽 문화 수도'는 문화유산이나 시설을 정비하고 상호 방문을 늘려 궁극적으로 유럽 통합에 기여하려는 뜻도 담고 있다.

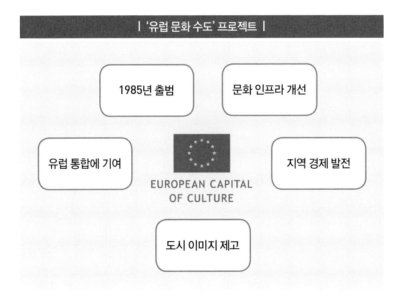

| '유럽 문화 수도' 프로젝트 |

1985년 출범

문화 인프라 개선

유럽 통합에 기여

EUROPEAN CAPITAL OF CULTURE

지역 경제 발전

도시 이미지 제고

이와 관련 영국의 낡은 항구 도시였던 리버풀이 비틀스를 테마로 하는 문화도시로 거듭난 것은 '유럽 문화 수도'의 대표적인 성공 사례로 꼽힌다. 항구 도시인 리버풀은 지난 18세기 노예무역으로 번성한 이후 세계적인 무역항으로 명성을 떨쳤지만 그 이후 산업 구조 변화로 침체를 거듭하며 2000년대 초에는 가난과 실업의 도시로 전락했다. 그러나 2008년 리버풀은 '유럽 문화 수도'로 선정된 것을 계기로 대변신에 성공했다.

2008년 연간 7,000여 개 문화 활동을 벌이는 동안 방문객 1,500만 명을 끌어들였다. 당시 리버풀을 처음 찾은 방문객도 350만 명에 달했다. 그 결과 약 8억 파운드(약 1조 4,000억 원)에 달하는 경제적 효과까지 더해지면서 문화 수도 사업의 경제적 효과를 톡톡히 누렸다.

리버풀이 새롭게 거듭난 것처럼 아시아에서도 이러한 사업에 대한 수요가 풍부할 것으로 분석된다. 여행 마니아들이 꼽은 세계 최고 관광지에 여러 아시아 도시들이 포함되어 있지만 보다 많은 관광객을 끌어들이기 위해선 도로, 통신, 숙박시설 등 열악한 관광 인프라를 극복해야 한다는 과제를 안고 있다는 분석이다. 영국 여행 잡지 〈원더러스트〉에 따르면 2014년 기준으로 세계 최고 관광 도시로 라오스의 루앙프라방이 1위에 올랐다. 2위는 미얀마의 바간이었다. 매년 유럽 각국 도시 중 하나를 선정해 인

프라 구축을 지원하는 '문화 수
도' 프로젝트를 아시아에서도 추
진한다면 아시아 각국 협력을 통
한 관광 인프라 시장도 열리게
된다는 의미다.

'아시아판 문화 수도' 사업을
진행하기 위해선 우선적으로 그
필요성에 대한 아시아 국가들 간
공감대를 형성해야 한다. 또 문

2014년 최고의 관광도시	
1위	루앙프라방(라오스)
2위	바간(미얀마)
3위	스톡홀름(스웨덴)
4위	교토(일본)
5위	호이안(베트남)
6위	밴쿠버(캐나다)
7위	베를린(독일)
8위	로마(이탈리아)
9위	빈(오스트리아)
10위	크라쿠프(폴란드)

자료: 원더러스트

화 수도 운영을 위한 재원, 기금 조달, 독립적 사무국의 설치 등
아시아 국가 간 협력이 필요하다. 예를 들어 유럽 문화 수도 사업
의 경우, 유럽 선정위원회에서 대상을 선정하고 EU 차원에서 자
금을 집행한다.

이러한 측면에서 볼 때 한국이 아시아 국가들 간 협력을 이끌어
낼 수 있는 위치에 있다. 대다수 아시아 국가들은 식민지 경험이
있어 '아시아 빅 3'인 한국, 중국, 일본 중 패권 경쟁 양상으로 흐를
수 있는 중국, 일본 주도보다는 오해 소지가 없는 한국 역할에 대
한 기대감이 크기 때문이다.

아시아 전역에서 1~2개의 거점을 문화 수도로 선정해 특정 주

제별로 아시아의 문화를 조명한다면 세계의 문화계와 관광객의 이목을 집중시킬 수 있을 것으로 전망된다. 아시아 문화 수도 도입으로 건축적인 복원 등 문화 기반 시설 향상, 도로 및 호텔 등 관광 인프라 구축, 고용 창출, 문화상품시장 확대 등의 경제 발전 효과와 아시아 동질감 향상 등의 효과가 기대된다.

한국 주도로 '아시아판 문화 수도'를 추진해 한중일 3국부터 기금을 조성하고, 아시아개발은행(ADB) 등 지역 다자은행(MDB)을 통해 재원을 확충하는 방안을 고려해야 한다. 문화적 공감대가 큰 동북아 도시부터 시작한 후 아세안과 인도 등으로 확산시켜 나간다면 이에 따라 수반되는 각종 문화·관광 인프라 프로젝트 기회가 한국 기업들에게도 돌아갈 수 있다.

Chapter 05

미래 메가프로젝트 I
한중일 해저터널

대한민국은 중국과 일본 사이에 낀 약소국이지만 그렇다고 중국과 일본이 무시할 수 있는 나라도 아니다. 국제정치학에서는 강대국 사이에서 약소국이 생존할 수 있는 방법으로 '고슴도치 전략'이 자주 거론된다. 고슴도치는 그 자체로 힘이 강하지 않지만 몸에 가시가 있어 사자나 호랑이 같은 포식자에게 쉽게 잡아먹히지 않는다. 북한은 가시를 핵 무장으로 해석했지만 대한민국은 강대국 간 갈등의 조정자, 중재자 역할을 가시로 활용해 왔다. 이는 지정학적 불리함을 극복할 수 있는 유일한 대안이다.

한중일 3국을 연결하는 해저터널 프로젝트는 우리가 리더십을 발휘하기 딱 좋은 아이템이다. 중국도 일본도 먼저 나서서 하자고 말하기 어려운 처지지만 필요성에 대해서는 어느 정도 공감대가 형성되어 있다. 이런 상황에서 대한민국이 해저터널 논의를 주도할 경우 우리 기업들에게 많은 기회가 돌아갈 수 있다.

한중일 해저터널 구축 논의는 꽤 오래됐다. 박삼구 금호아시아나그룹 회장이 2008년부터 줄기차게 주장해 온 메가 프로젝트이기도 하다. 항공사 수장인 박 회장이 해저터널 사업 의지를 꺾지 않는 이유는 해저터널로 관광산업 전체 규모가 커지게 되면 항공 수요도 동시에 늘 수 있다고 보기 때문이다. 한중, 한일 해저터널이 만들어지면 일본 도쿄에서 출발해 서울을 지나 중국 베이징까지 철길이 놓이게 되는 셈이다. 여객, 물류 모두 획기적으로 개선될 수 있다.

| 한중일 해저터널 구상 |

우선 한중 해저터널부터 살펴보자. 인천부터 중국 웨이하이(威海)까지 340㎞를 바다 밑으로 연결하는 프로젝트로 총 사업비는 100조 원이 넘고 사업 기간도 10년 이상 걸릴 것으로 추정된다. 해외에서 해저터널 프로젝트에 참여했던 국내 한 건설사 관계자는 "기술적으로는 충분히 가능한 프로젝트지만 사업성이 나올지 의문이다"고 말했다.

한중 해저터널이 뚫리면 인천에서 웨이하이까지 고속철도로 1시간 35분밖에 걸리지 않는다. 칭다오까지는 2시간 40분, 베이징까지는 5시간이면 도착할 수 있다. 한 연구에 따르면 한중 해저터널 완공 후 생산유발액은 한국 116조 원, 중국 150조 원, 일본 8조원 등으로 추정된다. 중국이 가장 유리한 사업이기 때문에 공사비 중 상당 부분을 중국이 부담해야 한다는 주장도 제기된다.

한일 해저터널은 부산에서 후쿠오카까지 220㎞ 구간을 연결하는 프로젝트다. 한일 해저터널 총 사업비는 70~100조 원에 이를 것으로 추정되며 사업 기간은 한중 터널과 마찬가지로 10년 이상 걸릴 것으로 보인다.

한일 해저터널 구상은 한중 해저터널보다 오래됐다. 일본의 대륙 진출 야욕과 맞물려 있는데 역사 문제로 갈등을 겪고 있는 한일 관계를 고려할 때 한중 해저터널보다 짧은 구간이지만 여론의

지지를 받기 어려울 수 있다. 그럼에도 불구하고 노태우·김대중·노무현 전 대통령 모두 한일 해저터널에 대해 긍정적으로 언급했다. 부산발전연구원에 따르면 한일 해저터널 완성 시 건설자재산업 13조 원, 도로 및 철도건설산업 13조 원, 건설 및 광산용 기계 12조 원, 도소매 및 서비스업 4조 원 등 총 54조 원 경제적 파급효과가 기대된다.

한중일 해저터널은 짧게는 10년 길게는 15~20년 걸리고 사업비만 200~300조 원이 투입되는 초대형 프로젝트다. 150억 달러가 투입된 영국-프랑스 해저터널(유로터널)과 비교도 되지 않을 만큼 거대한 사업이다. 한중일 3개국 협의 과정은 지난할 것이다. 공동 연구, 협의에만 수년이 걸릴지도 모른다.

여기서 주목할 것은 한중, 한일 해저터널 비용은 각각 중국과 일본이 우리보다 더 많이 부담할 수밖에 없다는 점이다. 한중 터널의 경제 효과는 중국이 훨씬 크기 때문이고 한일 해저터널의 경우 일본 구간이 한국 국간보다 훨씬 길기 때문이다. 우리가 해야 하고 할 수 있는 일은 중국, 일본 정부를 설득하고 입장을 조율하는 것이다. 3개 국가가 관련된 사업인 만큼 국제기구를 끌어들이는 방안도 생각해 볼 수 있다. 중국이 주도하는 아시아인프라투자은행(AIIB)이 한중일 해저터널에 투자하도록 만드는 것도

해외 해저터널 사례				
터널명	총길이	해저구간	총사업비	개통
영불 해저터널	50.45km	38km	20조 원	1994년 5월
일본 세이칸터널	53.85km	23.3km	17조 원	1988년 3월
베링해협 해저터널(예정)	40km		60조 원	-
보하이 해저터널(예정)	125km		34조 원	-

방법이다.

한중일 해저터널 프로젝트는 아직 꿈에 가깝다. 하지만 머지않은 미래에 이 프로젝트는 반드시 추진될 것이다. 언젠가 추진될 사업이라면 우리가 확실히 이니셔티브를 쥐기 위한 전략과 장기 로드맵을 만들어야 한다. 사업성이 없다고 우리끼리 예단할 일이 아니다. 사업성은 상황과 여건이 바뀌면 없다가도 생길 수 있다. 그때 준비하면 늦다. 중국이나 일본에 휘둘리지 않기 위해서는 미리 대비해야 한다.

Chapter 06

미래 메가프로젝트 Ⅱ

아시아 슈퍼그리드

"한 사람이라도 움직이면 모두가 움직일 겁니다."

동일본 지진이 발생한 2011년 3월 어느 날, 손정의 소프트뱅크 회장은 일본 후쿠시마(福島) 현 타무라(田村) 시 체육관에 마련된 대피소를 찾아 주민들을 설득했다. 거주지와 1년 치 생활비를 소프트뱅크 측에서 지원할 테니 방사능 피폭 위험이 있는 대피소를 떠나 다른 곳으로 이주하라는 제안이었다. 그러나 대피소에 머물던 이들은 대부분 도쿄전력 직원들의 가족이거나 타무라 시에 생활 터전을 갖고 있던 이들이 많았다. 설득은 쉽지 않았다.

손 회장의 비서실장 역할을 하는 시마 사토시 씨에 따르면 손 회장은 이날 이후로 '원전 제로'라는 자신만의 목소리를 내기 시작했다고 한다. 원자력 발전 외에 다른 전력 에너지 공급 수단을 찾아서 일본 열도 내에 있는 모든 원전을 없애겠다는 의지였다.

| 소프트뱅크와 한국전력이 구상하고 있는 아시아 슈퍼그리드 |

부레야 수력발전(러시아-2GW)

내몽고 적봉시 풍력발전
(한전-650MW)

랴오닝성 풍력발전
(한전-180MW)

블라디보스톡
화력 가스발전
(러시아-7GW+알파)

대마도 풍력발전(한일공동-300MW)

이후 2011년 연말부터 소프트뱅크는 바쁘게 움직이기 시작한다. 일본에 원자력 발전소를 없애는 대신 몽골, 시베리아, 대마도 등에서 친환경 발전소(태양광, 수력, 풍력)를 건립하고 이를 한중일 및 러시아가 나눠서 쓰는 전력망 구상, 소위 '아시아 슈퍼그리드'를 실천하기 위해서다.

여기서부터 손정의 회장의 리더십이 나타나기 시작한다. 소프트뱅크는 한국과 중국의 리더십 교체기인 2012년을 중요한 시기로 노렸던 것 같다. 정치가 출신인 시마 씨는 2012년 3월 하토야마 전 총리와 시진핑 당시 국가부주석의 면담에 동행하게 된다. 당시 면담 주제는 재생에너지에 대한 중국과 일본 사이의 협력이었다. 이미 국가주석으로 내정돼 있던 시 주석은 하토야마 전 총리를 만난 자리에서 아시아 슈퍼그리드 구상에 대해 상당한 흥미를 갖고 있다는 답변을 했다고 시마 씨는 매일경제에 전했다.

소프트뱅크는 정권 교체기였던 2012년 한국을 자주 찾아왔다. 손 회장은 이명박 대통령을 직접 만나 몽골에서 생산한 태양광 에너지를 중국과 북한을 통해 끌어오면 한국과 일본 모두 저렴한 전기를 쓸 수 있다고 설득했다. 시마 씨에 따르면 이 전 대통령은 몽골 태양광 발전을 한반도로 끌어오는 방안에 대해 적극적으로 검토하라는 지시를 남겼다고 한다. 소프트뱅크는 또 유력한 대통령 후보였던 박근혜, 문재인 두 사람을 만나기 위해 끈질기게 접촉을 시도했다.

극동지방 개척에 큰 관심을 갖고 있는 러시아도 소프트뱅크의 접촉 대상이었다. 소프트뱅크는 몽골의 바트볼드 수상도 만나 아시아 슈퍼그리드에 대한 구상을 담판 지었다.

각 국가의 수장들을 만나 대체에너지를 나눠 쓰자는 윈-윈 전략을 구상한 소프트뱅크. 2015년 현재 이 구상은 그리 순탄하게 진행되고 있지는 않다. 경제성 문제가 가장 크다. 몽골 태양광 발전을 중국과 한반도를 거쳐 일본 열도까지 끌어다 쓰는 아이디어는 당초 생각했던 것만큼 높은 경제성을 담보하지 않았다. 시베리아의 부레야 발전소에서 생산한 전력을 가져오는 문제, 대마도에서 풍력발전으로 생산한 에너지를 한일이 나눠 쓰는 전력망 구상도 마찬가지다. 한국전력에 따르면 그나마 가능성이 높은 시나리오는 시베리아 블라디보스토크 인근에 있는 가스 및 화력 발전소를 증설해 한반도로 끌어다 쓰는 방안이다. 무려 7GW의 발전소가 존재하는데 이를 증설할 경우 한국에서 생산하는 전기 가격보다 값싸게 들여올 수 있다. 문제는 북한이다. 블라디보스토크에서 전기를 끌어오려면 북한 내부에 있는 전력망을 필수적으로 이용할 수밖에 없기 때문이다. 이 때문에 '통일대박'론을 펼치고 있는 박근혜 대통령의 '유라시아 이니셔티브' 실현 방안 중 하나로 유력하게 검토되고 있다.

이처럼 한중일과 러시아를 엮어서 동북아시아 전력망 연결을 꿈꾸는 '아시아 슈퍼그리드'는 일본을 원전 없는 나라, 즉 '원전 제로'로 만들겠다는 손정의 회장의 뜻에서 출발했다. 이를 위해 한중일뿐만 아니라 몽골 등의 수장들을 만나 담판을 짓는 모습은 손정의가 존경해 마지않는다는 일본 막부 말기 사무라이인 사카모토 료마(坂本龍馬)의 리더십을 닮아 있다. 사카모토 료마는 힘을 잃어 가던 막부를 쓰러뜨리고 싶어 하던 무사 계급과 지방 영주들의 힘을 통합한 다음, 막부로 하여금 스스로 권력을 내려놓도록 만든 장본인으로 알려져 있다. 많은 사람들이 불가능하다고 생각했던 일을 해낸 리더십의 표상으로 일본인들에게 숭배받는 인물이다. 이런 업적과 리더십을 존경하는 손 회장이 '아시아 슈퍼그리드'라는 거대한 인프라 프로젝트를 통해 일본에서 원전을 없애려는 구상을 한 것도 어떻게 보면 당연하다.

동북아는 손정의 회장처럼 리더십을 통한 돌파가 필요하다. 대한민국에게 동북아는 피할 수 없는 운명적 공간이다. 허풍처럼 들릴 수도 있지만 이처럼 듣도 보도 못했던 새로운 시각과 아이디어가 있어야만 북한 문제, 한일 관계, 원전 문제 등과 같은 난제들에 대한 해결책이 보인다. 기발한 발상을 통해 각국 리더들의 귀를 열게 하고, 그들을 직접 만나 마음을 움직여 실제 세상을 바꾸려 노력한 손정의 회장의 리더십은 대한민국 리더들에게도 다양한 시사점을 던져 주고 있다.

"아시아 인프라 시장은
한국 경제 활력 회복의 돌파구다."

　광활한 만큼 세계 각국의 경쟁도 치열한 아시아 인프라스트럭처 시장에서 살아남기 위해서는 건설사 시공 능력도 중요하지만 구체적인 프로젝트를 발굴하고 기획하고 프로젝트 전 과정을 관리하는 역량도 중요하다. CM(Construction Management), PM(Project Management)은 시공보다 규모는 작지만 고부가가치 영역으로 꼽힌다. 국내에서는 한미글로벌이 이 분야에서 독보적인 입지를 구축하고 있다. 2015년 3월 19일 '원아시아 인프라 프로젝트 V' 국민보고대회에 참석했던 김종훈 한미글로벌 회장으로부터 아시아 인프라 시장 기회와 우리 정부나 기업의 과제에 대해서 들어 봤다.

Q. 한국이 아시아인프라투자은행(AIIB)에 가입하기로 하면서 8조 2,000억 달러(2010~2020년 추정 시장 규모) 아시아 인프라 시장에 대한 관심이 고조되고 있다. 매일경제의 '원아시아 인프라 프로젝트 V' 국민보고대회를 본 소감은?

먼저 건설산업에 종사하는 사람으로서 이번에 매일경제가 주최한 제24차 비전코리아 국민보고대회에 대해 감사의 말씀을 드린다. 인프라 경쟁력은 국가경쟁력과 밀접한 관계를 갖는다. 수년 전 미국토목학회(American Society of Civil Engineers)는 미국 인프라 경쟁력 하락이 미국 국가경쟁력을 저하시키고 있다고 지적한 바 있다. 이에 화답이라도 하듯 버락 오바마 미국 대통령은 인프라 건설을 통해 일자리 증가, 도시 발전, 국가경쟁력을 강화할 수 있다고 선언하고 인프라 사업을 확장하고 있다. 인프라 건설은 저성장 탈출, 일자리 창출에도 탁월한 해법이다. 제조업에 비해 3~4배의 고용 효과가 있다는 조사 보고서도 있다. 특히 국내 인프라는 물론 해외 인프라 시장 개척은 우리 경제에 미치는 효과가 훨씬 더 크다.

Q. 우리는 중국, 일본보다 이 시장 기회에 대해 한참 늦게 깨닫고 있는 것 아닌가?

그렇다. 21세기 중심 국가로 부상을 꾀하고 있는 중국은 인프라 경쟁력을 기반으로 지속적인 경제 발전을 구가하고 있으며, 더 나아가 육상과 해상 실크로드를 유럽까지 연결하는 일대일로(一帶一路)라는 야심 찬 구상을 실행에 옮기고 있기도 하다. AIIB는 일대일로를 구현하기 위한 금융 플랫폼으로 볼 수 있다. 물론 AIIB가 일대일로 인프라에만 투자하지는 못할 것이다. 이미 40개 가까운 회원국이 참여하기로 했기 때문이다. 중국이 독주하기는 어려울 것으로 보인다. 일본은 벌써 30년 이상 동남아에 공을 들여 오고 있다. 미얀마, 라오스, 캄보디아 등 메콩 강 유역 개도국에 원조 자금을 쏟아부으며 각종 사업 기회를 가져가고 있다. 일본 자동차회사들은 동남아에 제조업 벨트를 구축해 아세안경제통합(AEC)에 대비하고 있다.

Q. 아시아 인프라 시장 기회는 구체적으로 어떤 것들인가?

매경 국민보고대회는 9,000조 원에 달하는 아시아 인프라 시장을 효과적으로 공략함으로써 우리 경제의 역동성을 복원시킬 수 있고, '제2 한강의 기적'을 일궈 국민소득 5만 달러 달성도 가능하다는 비전을 제시했다. 아시아 인프라 시장 규모는 전력, 교통, 통신, IT, 물, 공항, 항만 등 무궁무진하며 산업화, 도시화, 연결성에서 추가 수요 창출도 가능하다. 신도시나 스마트시티 건설은 의료, IT, 교육, 행정, 에너지 등을 망라하는 토털 솔루션을 요구하고 있기도 하다.

Q. 우리가 이 시장에서 살아남기 위해서는 어떤 전략이 필요한가?
매일경제에서 제시하는 '코리아 패키지'는 패키지 딜 개념으로, 민관공(民官公)이 힘을 합쳐 우리의 산업화 및 신도시 개발 경험에, IT와 금융을 더한 토털 솔루션을 제공하는 것이다. 코리아 패키지의 핵심은 금융이라 할 수 있는데, 작금처럼 건설 주체가 담보를 제공하는 방식이 아니라, 프로젝트의 타당성에 기반한 투자은행(IB) 기능의 프로젝트파이낸싱이 필요하다. '해외 사업은 금융'이라고 할 만큼 금융의 역할이 커졌음에도 불구하고 우리 금융권은 규제의 늪에 빠져 글로벌 시장을 외면한 채 보신 위주의 예대마진 챙기기에 급급하다. 해외 인프라 사업에는 종합상사의 역할도 매우 중요하다. 일본 종합상사들은 프로젝트 발굴, 협상, 투자, 운영 등 전체 라이프사이클을 주도하는 경우가 많다.

Q. 한미글로벌에게는 아시아 인프라 시장이 어떤 기회인가?

우리는 오래전부터 글로벌 인프라 사업에 주목해 도시 설계, 엔지니어링이 가능한 미국 도시 설계 전문 업체 오택(OTAK)을 인수·합병하고, 인프라와 오일, 가스 쪽에 강점을 갖고 있는 영국 코스트 관리 전문 업체 터너앤드타운센드와 합작회사를 운영해 왔다. 국내에서도 글로벌 인프라 시장에 진출할 진용을 갖추고 아시아 인프라 시장에 도전하고 있다. 이에 더해 일본 최대 건설 업체 중 하나인 스미즈건설과 업무제휴를 하는 등 미·영·중·일 업체와 글로벌 네트워크를 강화하고 있으며 회사의 명운을 해외에서 찾고 있다.

Q. 아시아 인프라 시장에서 제2 한강의 기적을 이뤄낼 수 있을까?

아시아 인프라 시장 전략은 통일 대박과도 밀접한 관계를 갖고 있고 활력을 잃은 한국 경제에 돌파구를 마련할 수 있는 범국가적 국가 생존 전략이 되어야 하며, 제2 한강의 기적을 만들 수 있는 기회에 대한 도전임을 확신한다. 아울러 동남아 여러 나라들과 우리의 산업화 경험을 나누는 윈-윈 전략이 될 것이다.

PART

06

ASIAN INFRASTRUCTURE

기상천외한
인프라 프로젝트들

Chapter 01

일론 머스크의 꿈,
하이퍼루프

　전 세계는 인프라의 꿈을 꾸고 있다. 꿈을 꾸지 않는 이들에게
기회는 주어지지 않는다. 대한민국의 민관(民官)은 과연 거대한 아
시아 인프라 시장 앞에 어떤 꿈을 꾸고 있는가. 아직 꿈조차 꾸지
못하고 있는 대한민국을 위해 매일경제 국민보고대회팀은 그야말
로 꿈같은 비전들을 갖고 있는 해외 기업들을 취재해 보았다.

　2007년 아이폰이 출시되자 전 세계는 열광했다. 아이폰 출시
와 함께 지금 우리가 너무 당연한 듯 사용하는 스마트폰 시대가
열렸다. 한 시대를 대표하는, 지금까지 있어 본 적 없는 획기적인
상품을 만든 이는 2011년 작고한 애플의 창업자 스티브 잡스였
다. 잡스는 정보통신기술(IT) 혁명을 이끈 주역이자 선구자였다.
누구도 가보지 않은 길을 먼저 제시하고 마침내 그 길을 개척해

전 세계인의 삶을 풍족하게 했기에 잡스는 역사에 영원히 남을 위인이 됐다.

　잡스가 IT 혁명을 이끌었다면 동시대에 다른 분야에서 인프라 혁명을 진두지휘하고 있는 CEO가 있다. 바로 세계적인 전기자동차 업체인 테슬라(Tesla Motors)를 만든 일론 머스크가 주인공이다. 전 세계 전기차 트렌드를 주도하고 있는 머스크는 그러나 민간 우주여행 프로젝트(Space-X)와 우리가 여기서 주목하고 있는 초고속 진공열차(Hyperloop)로 더 유명한 모험적인 기업가다. 이승훈 LG경제연구원 책임연구원은 최근 펴낸 보고서에서 일론 머스크의 이 같은 도전을 '문샷싱킹(Moonshot Thinking)'의

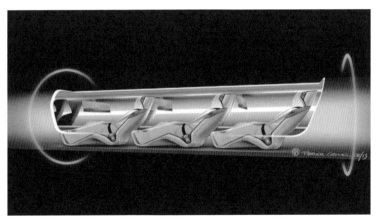

하이퍼루프에 승객이 탑승하고 있는 모습

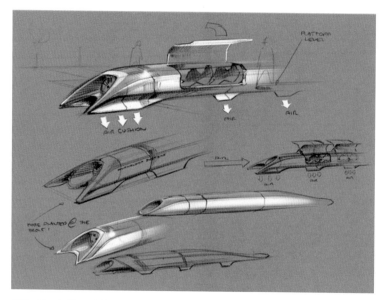
하이퍼루프 콘셉트 디자인

대표적인 사례로 꼽았다. 문샷싱킹이란 기존의 고정관념이나 틀에 얽매이지 않고 전혀 새로운 방식으로 접근해 문제를 해결하는 벤처정신, 기업가정신을 가리킨다.

일론 머스크는 2013년 기존 고속열차보다 속도는 3~4배 빠르면서도 건설비용은 10분의 1밖에 들지 않는 신개념 초고속 진공열차 하이퍼루프를 제안했다. 비현실적이라는 지적이 나오자 머스크는 2014년 작심한 듯 60페이지에 달하는 하이퍼루프 구상안을 대중에 공개했고 클라우드펀딩을 통해 하이퍼루프를 만드는 HTT(Hyperloop Transportation Technologies)라는 회사까지 만들었다. 이 보고서에 따르면 LA~샌프란시스코 610㎞ 구간을 하이퍼루프로 이동할 경우 약 30분밖에 걸리지 않는다. 시속 300㎞ 고속열차로 이동할 경우 2시간 걸리는 거리가 획기적으로 단축되는 것이다. HTT는 2016년 캘리포니아 키 밸리(Quay Valley) 지역에 약 8㎞에 이르는 시험 주행 트랙을 만들어 하이퍼루프 구현에 나설 계획이다.

하이퍼루프의 평균 속도는 시속 960㎞, 최고 속도는 1,220㎞다. 비행기 평균 속도인 시속 900㎞보다 빠르다. KTX 최고 속도(시속 300㎞), 중국 고속열차(CRH) 최고 속도(시속 380㎞)는 하이퍼루프에 비하면 거북이걸음 수준이다. 남북통일 시대에 부산부터 신의주까지 680㎞에 하이퍼루프를 설치한다면 불과 30~40분밖에 걸리지 않는다. 하이퍼루프가 미래 교통 인프라 판도를 바꿀 것이라는 전망이 나오는 이유도 바로 여기에 있다.

하이퍼루프는 아직 아이디어 단계에 있지만 2016년 시험 트랙이 완성되고 시험 주행이 성공하게 되면 세상은 또 한 번 놀랄 것이다. 한 번에 4~6명밖에 탑승하지 못한다는 문제점과 사고 발생 가능성, 기술적으로 과연 시속 1,000㎞ 주파가 가능하냐는 근본적 의문점 등은 머스크와 HTT가 반드시 풀어야 하는 숙제다. 인프라 구축비용을 일반 고속열차보다 대폭 절감할 수 있다는 것도 검증 대상이다. 천문학적 인프라 구축비용이 든다면 기술적으로 아무리 완벽하다고 해도 하이퍼루프는 상용화 단계까지 많은 시간이 걸릴 수밖에 없다.

아직 먼 얘기로 들릴 법한 하이퍼루프를 이 책에서 소개하는 이유는 분명하다. 기존 인프라 시장에 만족해서는 더 많은 부가가치를 생산할 수 없다. 기업가 정신을 발휘해 새로운 기술을 개발하고 미래 청사진을 제시하는 인프라 기업이 대한민국에서도 하나쯤은 나와야 한다는 간절함 때문이다. 하이퍼루프가 모든 시험과 검증을 통과한 후에는 이미 늦었다. 표준을 선점당할 경우 추격하는 국가나 국민, 기업은 많은 비용을 부담할 수밖에 없다.

하이퍼루프가 대중화될 경우 그 파급효과는 상상을 초월할 것으로 보인다. 클라우드펀딩에 참여한 투자자와 머스크 개인에게도 엄청난 부를 안겨줄 것이다. 머스크는 미국 전역에 주요 도시를 연결하는 하이퍼루프 건설 계획도 가지고 있다. 하이퍼루프는 신대륙을 넘어 유럽과 아시아까지 확산될 수 있다. 특히 우리가 주목하고 있는 아세안의 경우 경제 통합에 따른 철도 연결망 구축 논의가 빠르게 전개되고 있다. 기존 고속철도보다 값싸고 안전하면서도 속도는 3~4배 빠른 하이퍼루프가 현실화된다면 이 시장 또한 머스크에게 넘어갈지도 모른다.

3D 프린팅으로
집을 짓는다

각종 도로, 항만, 주택 등을 3D 프린터로 만든다는 기가 막힌 발상도 가시권에 들어와 있다. 일본의 시미즈(淸水)건설은 2014년 회사의 핵심기술을 총결집한 심해 미래도시 건설 구상 '오션 스파이럴(Ocean Spiral)'을 발표했다. 이 구상은 수심 3,000~4,000m의 해저에서 수면을 향해 서 있는 미래도시를 건설한다는 구상이다. 해저도시를 건설한다는 아이디어 자체도 신선한데 이 회사가 도시를 짓는 방식 또한 기상천외하다. 바로 3D 프린팅을 활용하겠다는 것이다.

회사 측은 해저도시의 재료로 콘크리트 대신에 굳는 시간이 빠른 수지를 쓰고, 투명 아크릴판과 섬유강화 플라스틱(FRB) 등 현재 사용되고 있는 자재를 활용하되, 거대한 3D 프린터로 건설

3D 프린터로 만든 해저도시 구상안

할 계획이라고 밝혔다. 총 공사비는 3조 엔(약 28조 2,600억 원), 공기는 5년으로 예상했다.

이 프로젝트는 다양한 상상력의 집결체이기도 하지만 현실성이 없는 것은 아니라고 해양 전문가들은 분석한다. 해수의 온도차를 이용한 해양발전과 심해의 압력차를 이용한 침투막에 의한 해수의 담수화 처리, 해저의 메탄에 의한 이산화탄소의 메탄가스 전환, 해저에 잠자고 있는 희귀광물 등의 채굴, 심층수를 활용한 양식어업 등도 상정하고 있다. 쓰나미, 태풍 등의 재해 시에는 거주 구역을 수면 아래로 침하시켜 파랑을 피하는 구조다.

이미 비슷한 형태의 해저 관광호텔 등 리조트 계획도 두바이

두바이에서 추진되고 있는 해저 관광호텔의 조감도

등에서 나오고 있는 것을 감안하면 3D 프린터를 활용하여 건축을 지상에서 한 다음 해저로 구조물을 떨어뜨리는 것이 훨씬 경제성이 높을지도 모른다는 것이 해양 전문가들의 관측이다.

2015년 1월에는 중국 장쑤성 쑤저우에 있는 한 공업단지에서 3D 프린터로 지은 거주용 빌라가 공개됐다는 뉴스가 나와서 화제가 됐다. 해당 건물은 바닥부터 벽까지 모두 3D 프린터로 제작됐으며, 6층 규모에 면적은 총 1,100㎡라고 한다. 건물을 제작한 중국 3D 프린팅 건축기업 '윈선'의 관계자는 외신들과의 인터뷰에서 "건물 바닥과 벽은 모두 공장에서 3D 프린터로 제작한 후

적당한 크기로 분리해 건축 예정지로 가져온다"며 "현장에서 벽과 바닥을 조립해 완성된 건물로 만든다"고 설명했다.

윈선에 따르면 3D 프린터를 이용해 집을 지으면 일반적인 주택 건설에서 필요한 재료의 60%를 절약할 수 있다. 시간은 기존 방식의 30%밖에 들지 않고 노동은 80% 이상 줄어든다. 특히 3D 프린터에 들어가는 '잉크'로 콘크리트, 유리 섬유, 모래 등은 물론 건축 폐기물까지 활용할 수 있다는 점이 주목받고 있다. 윈선은 2014년 4월 3D 프린터를 이용해 상해에서 하루 만에 10개의 집을 지어 보이기도 했다. 당시 윈선은 가로 32m 높이 6.5m의 3D 프린터기로 집을 프린팅했는데 집 한 채당 500만 원 정도밖에 건축비가 들지 않았다고 밝혀 세상을 두 번 놀라게 했다.

주택을 3D 프린팅으로 건축한다는 아이디어는 중국뿐만 아니라 미국에서도 상용화 직전까지 연구가 진행되고 있다. 미국 남캘리포니아대학교의 연구진은 24시간 내에 집 한 채를 지을 수 있는 3D 프린터를 제작하는 데 성공했다고 2014년 발표했다. 3D 프린터가 콘크리트를 사출하면서 집을 짓는 구조이며 집에 대한 설계도면은 컴퓨터에 입력해 프린터로 전달하게 된다.

미국항공우주국(NASA)은 3D 프린팅 기술을 갖고 있는 기업들이 참여해서 각종 인프라를 우주에서 건설하는 계획에도 큰

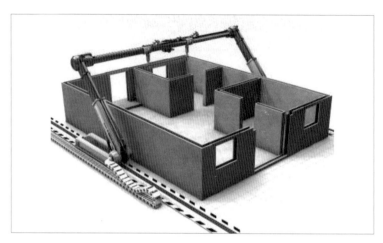

미국 남캘리포니아대학교에서 개발한 주택용 3D 프린터

관심을 갖고 있다. NASA는 이를 위해 다수의 3D 프린팅 기업들을 접촉했으며 2014년에는 계약을 체결하겠다는 목표까지 제시했지만 현재까지 결과가 알려진 바는 없다.

사실 3D 프린터로 대형 구조물이나 인프라를 짓는다는 발상의 전환은 우리나라가 훨씬 오래전에 내놨던 것이다. 한국이 조선업계에서 세계 1위의 실적을 기록할 수 있었던 이유는 블록(block)식 제조방식 덕분이었다. 배 한 척을 처음부터 끝까지 통째로 건조시키는 것이 아니라 마치 레고(Lego)를 조립하듯 분할하여 건조한 다음 한데 가져다 붙이는 건조공법이 한국식이었다. 이렇게 하면 무엇보다 생산성이 늘어난다. 6개월에 1척 만들던 배를 6개월에 최대 6척까지 만들 수 있는 생산성 혁명인 셈이다. 3D 프린터로 주택이나 다리, 해저 구조물을 만드는 아이디어의 전환은 어쩌면 가장 한국적인 아이디어일 수도 있다.

Chapter 03

우주 태양광 발전소 사업에
착수한 중국과 일본

2009년 11월 9일, 기상천외한 인프라 개발 계획 하나가 일본 주요 신문 머리기사를 장식한다. 일본 우주항공연구개발기구(JAXA)가 대기권 3만 6,000㎞ 상공에 태양광 발전소를 세우고 이곳에서 확보한 에너지를 지구로 송신한다는 내용을 담은 '우주 태양력 시스템(SSPS)' 계획을 확정 지었다는 내용이다. JAXA는 이 사업에 참가할 기업들과 과학자들로 컨소시엄까지 구성했다고 현지 언론들은 보도했다. 일본 정부는 2009년 예산 1억 5,000만 엔을 투입한 뒤 매년 관련 예산을 증액할 방침이며 약 6~7년 뒤에 실제로 우주 공간에서 태양광 발전 실험을 실시할 계획을 추진하고 있었다. 우주 태양광 발전 사업에는 미쓰비시전기, NEC, 후지쓰, 샤프 등 일본 내 태양광·전기 발전 분야 대기업들이 컨소시엄을 구성해 참여한다고 정부 측은 밝혔다.

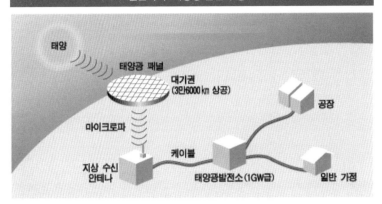

| 일본 우주 태양광 발전 구상도 |

태양
태양광 패널
대기권
(3만 6000㎞ 상공)
공장
마이크로파
케이블
지상 수신
안테나
태양광발전소 (1GW급)
일반 가정

 2030년 가동을 목표로 추진될 예정인 이 프로젝트는 접시 형태의 태양광 전지(패널)를 지구 대기권 밖 정지궤도에 배치해 이곳에서 지구에서보다 최소한 5배 이상 강력한 태양 에너지를 수신한 뒤 이를 마이크로파나 레이저빔 형태로 지구에 송신하는 계획으로 구성되어 있다. 지상에서는 제한 구역에 설치될 예정인 거대한 수신 안테나가 이 에너지를 받아 태양광 발전소를 통해 전력으로 바꾼 뒤 일반 가정이나 공장 등에 송신하게 된다. 우주에 설치하는 태양광 발전 시설은 패널의 넓이가 축구장 330배 크기에 달한다. 이는 기존 우주 정거장 크기의 750배 정도 규모. 누구도 시도해 본 일이 없는 프로젝트다. 무게만 2만 6,600톤으로 웬만한 소행성 하나 수준이다.

일본 정부는 우주 태양광 발전을 통해 중형 원자력 발전소 발전량과 비슷한 1GW 생산을 목표로 설정했으며 우주 대기권에서 직접 태양광을 수신하는 만큼 전력 생산 비용도 kWh당 8엔으로 현재 지상에서 드는 비용에 비해 6분의 1 수준이 될 것이라고 덧붙였다. 이는 원자력 발전소 1기를 능가하는 수준이다.

2012년 8월에는 중국에서 비슷한 뉴스가 터져 나왔다. 중국 또한 2030년을 목표로 우주에 태양에너지 발전 시스템을 개발한다는 내용이었다. 중국과학원은 2030~2050년 첫 상업용 우주 태양에너지 발전이 가능하다고 예측하고 있다는 주장까지 곁들여졌다.

중국이 구상하는 우주 태양광 발전소는 지표면 3만 6,000km 상공에 거대 태양광 전지판을 설치한다. 이렇게 모은 에너지를 초단파를 이용해 지구로 보내고 지구에서는 이 초단파를 전력으로 전환하는 개념이다. 지상발전과 마찬가지로 변전 및 송전시설을 거쳐 전기를 필요로 하는 곳에 전달하는 과정을 거친다.

중국 언론들은 "우주 태양광 발전소는 태양에너지 강도가 지표면의 5~12배로 높고 하루 24시간 중 99% 시간대에 발전이 가능하며 날씨에 구애를 받지 않고 안정적으로 가동할 수 있다는 점에서 기획됐다"고 보도했다. 중국과학원은 "중국의 에너지 문제를 해결할 수 있는 방안 중 하나가 우주 태양광 발전소"라며 "우주 발전소를 건설하는 과정에서 우주공학은 물론 재료공학과 전자기술 등이 비약적으로 발전할 수 있을 것"이라고 밝혔다. 나아가 실용화 단계에 이르면 휴대폰은 물론이고 전기자동차나 각종 전자기기 등을 시간과 장소에 구애받지 않고 충전할 수 있는 시대가 도래할 것이라는 것이 중국과학원의 예상이었다.

중국과 일본이 이처럼 적극적으로 나서는 우주발전소 아이디어, 과연 허황된 생각일까? 사실 우주 태양광 발전소의 아이디어는 미국에서 비롯됐다. 1968년 〈사이언스〉에 우주 발전 논문이 발표된 이후 미국은 1970년대 NASA에서 우주 태양광 발전소를 추진했다. 그러나 당시의 기술력으로는 경제성이 나오지 않는다는 판단 하에 프로젝트는 중단됐다. 그 바통을 이어받은 것이 일본이다. 1980년대 후반부터 우주 태양광 발전소에 관심을 쏟은 일본은 관련 기술을 지속적으로 발전시켜 왔다. 예를 들어 일본은 무선전력 송신을 테스트하기 위해 3~4년 전 국제전기통신연합(ITU) 내에서 전파관리를 담당하는 전파통신 부문에 주파수 대역 사용 신청을 하기도 했다. 비록 실험은 무산됐지만 일본의 의지를 읽을 수 있는 대목이다.

문제가 없는 것은 아니다. 기술적으로는 전기를 효율적으로 전송할 수 있는지가 관건이다. 위성에서 지상으로 에너지를 송신하는 과정에서 성층권을 통과하게 되는데 어떤 문제가 발생할지도 모르는 상황이다. 항공기나 생명체에 영향을 미칠 수도 있다. 이 때문에 경제성 평가가 어려운 상황이다. 또한 우주에 발전소를 건립하기 위해 드는 비용 또한 천문학적이라 더더욱 사업 추진이 지속가능한지 여부에 대한 의구심은 있는 상황이다.

그러나 기술 발전에 따른 과실은 있어 보인다. 이 때문에 학자들 사이에서도 연구가 활발하다. 예를 들어 국제우주학회(IAA)는 2011년 우주 태양광 발전소가 30년 안에 경제성을 갖춘 에너지원이 될 것이라고 발표하기도 했다.

우주 인프라 건설을 위한
'우주 엘리베이터'

영국의 민간 관광회사 버진갤러틱(Virgin Galactic)이 우주여행을 위한 우주관광선 개발에 공들이고 있는 사이 초고속 엘리베이터를 이용한 우주여행 시대가 현실로 다가오고 있다. 지구온난화, 환경오염 등 인구 증가에 따른 생활 영역이 감소되며 인류의

버진갤러틱 우주관광선

지속적인 생존을 위한 우주 진출이 현실화되고 있는 것이다.

그 일환으로 추진되는 프로젝트가 우주 엘리베이터(Space Elevator)다. 2000년 미국항공우주국(NASA)이 지구 궤도까지 올라갈 수 있는 거대한 엘리베이터를 건설한다는 연구를 발표하면서 구체화되기 시작했다. 이렇게 주목을 받아 온 우주 엘리베이터는 우주 인프라 건설에 가장 중요한 '자재 운반' 문제를 효과적으로 해결할 수 있는 방안으로 제시되고 있다.

우주 엘리베이터는 지구 표면에 기반을 둔 케이블과 우주정거장을 연결한 것으로 수천㎞에서 수십만㎞에 이르는 케이블이 지구 자전을 통한 원심력을 통해 평형추와 균형을 맞추게 된다. 우주 엘리베이터는 쉽고 안전하게 우주 공간에 도달할 수 있고 저

우주 엘리베이터

렴한 비용으로 화물 및 관광객을 실어 나를 수 있어 우주 진출에 있어 획기적인 운송 시스템으로 각광받고 있다.

이미 우주 개발 선진국에서는 우주 엘리베이터 개발을 위한 기관이 설립돼 우주 개발과 관련한 연구가 진행 중이다. 지상에서 기차를 이용해 하늘로 올라가는 일본의 만화 〈은하철도 999〉를 연상시키듯 일본은 우주엘리베이터협회(JSEA), 미국은 스페이스워드재단(The Spaceward Foundation), 유럽은 유로스페이스워드(Eurospaceward) 기관이 설립돼 우주여행을 위한 엘리베이터 현실에 한걸음 다가서고 있다.

다만, 지상에서 수십만㎞에 이르는 구조물을 케이블로 연결하는 것은 쉬운 일이 아니다. 강철 등으로 만들어진 일반적인 소재로 만들어진 케이블로는 건설이 불가능하기 때문이다. 따라서 강철보다 강도가 100배 강한 탄소나노튜브(Carbon Nano Tube)라는 소재가 개발돼 연구 중에 있다. 이 소재는 지름이 나노미터(10억 분의 1m) 수준으로 휘어도 부러지지 않는 유연성과 함께 열과 전기를 잘 통과시키는 나노 소재로 머리카락의 1,000분의 1 정도 굵기로 자체 질량의 5만 배가 넘는 무게를 지탱할 수 있는 것으로 알려졌다.

우주 엘리베이터 건설에 있어 중요한 것은 지상 기지의 위치다. 기상 악화로 인한 기초 조건이 중요한 만큼 장소 선택에 있어 신중할 수밖에 없다. 호주는 호주 대륙 서해안이 적합하다며 경쟁에 뛰어들었고 미국 또한 페루 해안인 인도양 해상을 최적 장소로 꼽으며 각 나라마다 지상 기지 유치 전쟁에 열중하고 있는 모습이다.

우주 엘리베이터가 관심을 끌 수밖에 없는 이유는 최소한의 위험 부담과 저렴한 비용에 있다. 현존하는 우주선은 연료로 인한 폭발 위험이 있으나 우주 엘리베이터는 전기 에너지를 이용한다는 점에서 위험 부담이 현저히 줄어든다. 또한 현재의 로켓을 이용해 1kg의 물건을 우주로 보낼 경우 2,000~4,000만 원의 비용이 들지만 우주 엘리베이터의 경우 20~40만 원이 들 것으로 예상돼 우주로 가는 비용이 무려 100분의 1로 줄어들게 된다. 일본에서는 우주 엘리베이터 건설비용을 10조 원 정도로 예상하고 있는데 이것은 국제우주정거장(ISS) 건설비용의 4분의 1 수준이다.

우주 엘리베이터는 기존의 우주왕복선보다 저렴하고 안전하게 지구궤도를 통과할 수 있으나 현재의 기술로는 어려움이 많다. 우주 개발 선진국들은 적어도 2050년은 되어야 첫 우주엘리베이터가 건설될 것으로 전망하고 있다. 지구 표면의 기지 건설을 위해서는 첨단 구조물 개발이 필요하다. 또한 우주 엘리베이터를 안전하고 효율적으로 운영하기 위해서는 고속 차량, 보조 발사

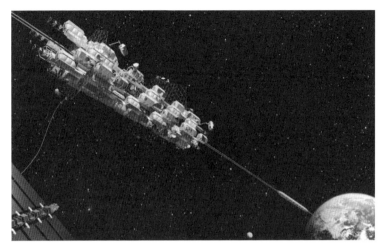
우주 엘리베이터

체, 고속철도 등에 적용되는 전자기 추진체 마련이 필요하다. 이를 통해 운송차량, 편의시설, 기본설비 등이 조합된 우주 인프라 구축 실현이 마련될 수 있다.

　우주 엘리베이터 개발은 우주 인프라를 구축하고 우주여행 현실을 위한 가장 효율적인 방안이다. 공상과학에나 나올 법한 우주 엘리베이터는 탄소나노튜브로 만들어진 케이블 개발로 그 중요성이 더해지고 있다. 이미 우주 개발 선진국들은 연구에 박차를 가하고 있지만 우리나라에서는 '우주'라는 단어가 생소할 정도로 연구가 미비한 실정이다.

21세기 새로운 골드러시가 시작된다

아시아 인프라 전쟁

초판 1쇄 2015년 5월 1일
   2쇄 2015년 6월 15일

지은이 매일경제 원아시아 인프라 프로젝트팀
펴낸이 전호림 **편집총괄** 고원상 **담당PD** 최진희 **펴낸곳** 매경출판㈜
등 록 2003년 4월 24일(No. 2 – 3759)
주 소 우)100 – 728 서울특별시 중구 퇴계로 190 (필동 1가) 매경미디어센터 9층
홈페이지 www.mkbook.co.kr
전 화 02)2000 – 2610(기획편집) 02)2000 – 2636(마케팅) 02)2000 – 2606(구입 문의)
팩 스 02)2000 – 2609 **이메일** publish@mk.co.kr
인쇄 · 제본 ㈜M – print 031)8071 – 0961

ISBN 979 – 11 – 5542 – 287 – 8(03320)
값 14,000원